특별한 선물

건양교육재단 설립자
명곡 김희수 회고록

특별한 선물

김희수 지음

시작하며

나의 삶은 어떤 삶이었을까?

올해로 93세가 되었다. 나의 건강을 염려해주거나, 혹은 부러워하거나, 아니면 이제는 좀 쉬면서 편안히 여생을 즐기라는 말을 자주 듣는 나이다. 내용은 서로 달라도, 모두 나를 아끼는 뜻에서 하는 말들이기에 고맙기는 하지만, 사실 난 그 말들이 낯설게 느껴질 때가 종종 있다. 지금껏 내 육체적 나이를 의식하지 않으며 살아왔기 때문이다. 93세라는 나이임에도 여전히 건강한 육체와 정신으로 하고 싶은 일을 열심히 하면서 살고 있다는 사실에 감사한 마음으로 하루하루를 지내고 있다.

그럼에도 인생의 마무리 단계에 들어서니, 새삼 내가 살아온 길을 되돌아보지 않을 수 없게 된다. 90여 년의 긴 세월, 그 삶은 과연 어떤 삶이었을까? 지난 시간들이 주마등처럼 머리를 스치며 여러 감회를 불러

일으킨다. 제일 먼저 드는 생각은 그 긴 시간 동안 참으로 숨차게 앞만 보며 달려왔다는 것이다. 모진 역사의 굴곡에 정면으로 부딪치면서, 삶의 굽이굽이마다 도전에 도전을 이어가면서 살아왔다. 현실에 안주하는 대신 도전을 계속하다 보니 괄목할 만한 성과도 거두었다. 그 하나하나의 과정마다 자아성취의 기쁨을 느껴보기도 했고, 사회로부터 나의 공적을 인정받았을 때는 실로 뿌듯하고 자랑스러웠다.

나는 인생 전반기 30년은 의사로, 후반기 30년은 교육자로 살아오면서, 마치 내가 이 일들을 하기 위해 태어난 것처럼 여기며 나름대로 최선을 다했다. 나는 진정으로 환자의 입장에서 생각하고 환자의 고통을 내 고통처럼 여기는, 좋은 의사가 되고자 노력했다. 부자든 가난한 노동자든 차별 없이 환자의 병을 치료하고 웃음을 찾아주는 일은 의사로서 큰 보람이었고 그만큼 헌신적으로 일했다. 1962년에 개원한 김안과병원은 60년 가까이 존속해오며 국제 인증도 받았고 보건복지부가 지정한 우수 안과전문병원으로 성장해 나에게 의사로서의 큰 보람을 안겨주었다.

그리고 53세라는 늦은 나이에 갑자기 교육자의 길로 진로를 바꾸었다. 얼핏 생각하면 교육자의 길은 의사의 길과는 전혀 다른 것처럼 보이지만, 사실은 연관성이 크다. 의사의 사명이 인간의 육체적 건강을 책임지는 것이라면, 교육자의 사명은 인간의 마음과 정신을 책임지는 일이기 때문이다. 나는 학생들을 내가 사랑하는 손주들이라 생각하며, 그들에게 빛나는 미래를 준비할 수 있는 좋은 교육환경을 만들어 주기 위해 밤잠을 설치며 고심했다.

건양중·고등학교를 설립한 후 한국의 교육 현실에 어느 정도 안목이 생긴 뒤에 나는 대학교를 설립했다. 서울도 대전도 아니고, 상권조차 제대로 형성되지 않은, 문화의 불모지 논산의 논밭 한복판에 대학을 세웠다. 그게 바로 '건양대학교'였다. '아무것도 없는 고향, 나를 품고 키워준 내 고향 논산'에 지방 사학의 모델이 될 좋은 대학을 꼭 만들어보고 싶어서였다. 나는 건양대학교를 통해 '내가 해 주고 싶은 교육'을 하고자 노력했다. 그것이 바로 취업 명문을 꿈꾸는, 다른 대학들과 조금은 차별화된 대학이었다. 이를 위해 우리 대학만의 유일하고 실용적인 교육프로그램을 꾸준히 개발하고 실행한 결과, 지금도 매년 취업률이 최상위권을 유지하고 있다. 그 과정에서 내가 설립한 학교가 '가장 잘 가르치는 대학'이라는 평가까지 받았고, 학생들의 자신감도 커졌으니 교육자로서의 보람과 성취감도 충분히 누린 셈이다.

한편, 나의 개인적인 삶은 어떠했는가? 갑자기 만감이 교차한다. 자신 있게 무어라 얘기하기가 쉽지 않다. 나의 일생은 병원 운영과 학교 운영이라는 공적인 일들에 파묻혀 살아온 시간이었다. 그러는 사이에 개인으로서, 남편으로서, 그리고 아버지로서의 나의 삶은 한 곁으로 밀

쳐놓을 수 밖에 없었다. 물론 나는 지금 화목한 가정을 꾸리고 있다. 나의 아내와 아들, 딸들은 나의 큰 버팀목이자 자랑이며 사랑 그 자체다. 그러나 이는 다 아내가 이루어 놓은 것이다. 아이들이 성장하는 동안, 나는 가족들과 오손도손 이야기를 나누며 깊은 정을 쌓는 시간을 갖지 못했다. 나의 하루는 잠자는 시간을 제외하고는 오롯이 일터에서 채워졌기 때문이다. 자식을 사랑하지 않는 부모가 어디 있으랴. 자식들이 커가는 과정에서 그들과 따뜻하게 희로애락을 함께 나누지 못한 게 지금은 너무나 후회되고 마음 아프다. 그럼에도 나를 이해하고 지지해준 아내와 자식들이 진심으로 고맙다.

2년 전 참으로 가슴 아픈 일이 있었다. 내 분신처럼 여기며 혼신을 다해 운영해온 학교와 병원의 구성원 중 몇 사람이 주동이 되어 나의 운영방식을 거세게 비판하고 나선 것이다. 무어라 해명할 시간도 없이 들이닥친 폭풍우를 나는 온몸으로 맞아야 했다. '정직과 성실'을 되새기며, 학교와 병원 경영을 위해 밤잠을 설쳐가면서 고민하던 날들에 대한 회한이 몰려왔다. 나의 진심이 왜곡되고 모든 노력이 부정당하는 상황 앞에서, 나는 한평생이 무너지는 것 같은 아픔과 절망을 경험했다. 이 위기를 스스로 해결하기 위해 나는 조금도 주저하지 않고 즉시 학교와 병원 운영에서 손을 뗐다.

이 일은 결과적으로 숨차게 살아온 삶을 돌아보면서 내 자신과 진솔

한 대화를 나누는, 깊은 성찰의 시간을 선물로 주었다. 때로 억울함이 치밀어오를 때도 있었지만 깊은 침묵의 시간을 통해 마음이 열리기 시작했다. 아무리 의도가 좋고 결과가 좋아도 방법이 적절치 않거나 구성원들의 이해를 얻지 못한다면, 그것은 문제가 있다는 것을 나는 뒤늦게나마 깨달았다. 학교와 병원의 발전을 위해 오직 앞으로만 달려가던 과정에서, 나는 구성원들이 나와 똑같은 마음일 것이라 단정하여 그들의 마음을 섬세하게 읽어주지 못했음을 통감했다.

긴 침묵의 시간 속에서 나는 내가 살아온 나날들, 내게 일어난 일들에 대해 이해하고자 노력했다. 자신을 정직하게 돌아보는 긴 성찰의 시간 속에서 나는 나의 삶이 '특별한 선물'임을 절감했다. 내 인생 여정에서 만난 많은 사람들, 내게 일어난 모든 일들, 내가 해온 모든 노력이 다 특별한 선물이 되어 오늘의 나를 만들었고 나의 삶을 풍요롭게 해주었음을 깨달았다.

그 중 가장 귀한 것은 사람에 대한 깊은 깨달음이고 동지애다. 같은 목표를 가지고 같은 방향으로 가는 사람들이라 해도, 각기 다른 개성을 지닌 사람들이기 때문에 서로의 다름을 인정하고 존중하면서 진정한 소통을 이루고자 하는 노력이 더 필요했음을 미리 알았더라면 하는 깊은 회한이 일었다. 나의 의도와는 관계없이 그들 모두 얼마나 힘겨운 시간을 보냈을까 생각하니 괴롭기 그지없다. 늦었지만 지금부터라도 그들의 상처를 어루만져주고 다시 함께 한 길을 걷고 싶은 마음 간절하다.

지금까지 나는 두 편의 회고록을 썼고, 나에 대한 전기도 발간된 바 있다. 또 나의 공적인 삶과 업적에 대해서는 이미 세간에 많이 알려졌다. 그럼에도 불구하고 아흔이 넘어 회고록을 또 쓰는 이유는 간단하다. 그간 긴 시간을 나와 함께 해온 가족과 친지, 동료, 주변 분들에게 내가 지금껏 무슨 생각과 고민을 하면서, 어떻게 살아왔는지 못다 한 이야기를 함께 나누고 싶어서다. 공적인 삶에 가려서 미처 보여주지 못했던 나의 개인적인 일상, 표현이 서툴러서 드러내지 못했던 나의 사랑과 감사한 마음을 꼭 전하고 싶다. 더불어 이 책이 나오기까지 꼼꼼하게 원고를 검토하고 교정해주신 지인분들께 깊은 감사를 드린다.

내 주변 분들에게 조금 더 가까이, 조금 더 따뜻하게 다가갈 수 있기를 간절히 소망한다.

2021년 3월
영승재에서 김 희 수

축하의 글

『특별한 선물』 출간을 축하드리면서

이배용
(이화여대 13대 총장, 국가브랜드위원회 2대 위원장,
한국학중앙연구원 16대 원장, 한국의 서원 통합보존관리단 이사장)

먼저 존경하는 김희수 총장님의 회고록 『특별한 선물』 출간을 진심으로 축하드립니다.

김희수 총장님을 한마디로 말하면 우리 총장님들에게는 큰 산이시다. 바라보면서 배우면서 꾸준히 올라가고 싶은 산이다. 누군가 인생은 속도가 아니라 방향이라 하였다. 그 방향을 찾아가는 길에는 항상 진정성과 열정이 담겨져 있다.

또 한편으로는 총장님들 중에서 제일 연령이 높으신데도 늘 '젊은 오빠' 총장님이시다. 누구보다도 빨리 걷고 부지런하고 씩씩한 모습을

보고 붙인 애교 있는 별명이다. 가끔 우리문화 유적답사를 역사학자로서 인솔할 때 보면 김총장님은 제일 먼저 수첩을 꺼내들고 열심히 적으시고 매번 답사 때마다 복습하고 예습하시면서 중요한 역사적 사실을 기억하시려는 의지가 대단한 노력파시다. 그 모습에서 우리 역사에 대한 존경과 자긍심에서 나온 진심 어린 겸허함을 느낄 수 있었다.

이 책은 1962년에 김안과를 세우시고 1980-1983년에는 건양중·고등학교와 1991년에는 건양대학교를 설립하시면서 90평생을 한결같이 지켜온 인간철학과 교육철학을 담은 귀중한 경험서이자 실천서이며 지침서라고 생각한다.

이 책을 읽고 몇 가지 제 소감을 말씀드리면 첫째, 김희수 총장님의 인간에 대한 지극한 신뢰와 사랑의 서사시를 보는 것 같은 감동이 일었다. 준비 없는 미래는 없다고 한다. 늘 미래를 준비하는 리더로서 의사의 사명이 인간의 육체적 건강을 책임지는 것이라면, 교육자의 사명은 인간의 마음과 정신을 책임지는 일이기 때문에 두 분야의 연관성을 강조하면서 평생을 헌신해온 그 근본적인 배경과 과정이 잔잔하게 펼쳐져 있다.

바로 건양대학이 지방대학으로 우뚝 설 수 있었던 힘은 수도권 대학과의 차별성과 취업에 강한 실용적 대학으로 성장시키는 데 주력한 혜안에 있었다. 아울러 지역과 더불어 성장하는 대학으로, 평범한 사람들의 꿈을 키우는 대학으로 포용과 봉사의 정신을 강조하면서 건전한 인재를 키우는 교육철학을 갖춘 점이 무엇보다도 돋보이는 점이다.

둘째는 "하면 된다", "할 수 있다"는 긍정의 힘을 불어넣어 희망의 리더로서의 역할을 실천한 점이다. "내가 그렇게 살았기 때문에 후학들에게 자신 있게 말할 수 있다. 성공의 노하우는 절대로 포기하지 않는 것"이라는 김희수 총장님의 확고한 신념이 오늘날 최고의 안과병원인 김안과와 지방대학의 꽃인 건양대학교를 만들어낸 가장 중심의 원동력임을 알 수 있다.

힘들어도 끈기 있게 걸음을 멈추지 않고 앞으로 나아가는 것만이 우리가 도달할 성공의 비결이다. 바로 역사는 긍정의 힘으로 오늘날까지 버텨왔고 또 내일을 향해 이어져갈 것이기 때문이다.

셋째는 애향심과 애국심이다. 뿌리 깊은 나무는 바람에 흔들리지 않는다는 역사의 가장 깊은 의미가 이 회고록 곳곳에 스며있다. 누가 부탁한 것도 강요한 것도 아닌데 본인의 인생의 근본이자 고향인 논산에 대한 스스로의 위대한 약속을 지키기 위해 사재를 털어 미래 인재를 키우는 교육으로 실천한 것이다.

대한민국의 성장의 기본에는 교육열이 중심에 있다. 아무리 AI가 대두되는 시절에도 마음과 정신과 영혼을 가진 인간의 역할은 바뀌지 않을진대 정직하고 참된 인재를 키우는 것은 인류의 미래를 가늠하는 관건이다. 총장님의 선견지명으로 나라에 기여하는 인재를 양성하는 숭고한 의지는 잠재돼 있는 애국심의 일환이라 생각한다.

제가 한국대학교육협의회 회장일 때 여성 총장이기 때문에 아무래도 총장님 사모님들과 동병상련의 마음도 있어 함께 동행하는 따뜻한 분위기를 조성하기 위해 유적답사도 부부가 함께하는 기회를 여러 차례 마련하였다. 아주 사소한 일이지만 서로 아끼고 배려하는 마음을 실천하도록 총장님들이 사모님들의 가방을 들어드리는 분위기를 만들었더니 김희수 총장님이 제일 먼저 솔선수범하여 사모님 가방을 들어주는 순진한 성품을 드러 내셨다. 학교 마당에서 담배꽁초와 쓰레기를 줍는 총장님의 모습도 종종 쉽게 볼 수 있는 풍경이다. 즉 선하고 좋은 일이면 무조건 따르고 실천하시는 총장님의 긍정의 자세의 일면이다.

특별히 총장님이 평생을 새벽 4시부터 쉼 없이 바쁘게 뛰면서 수많은 업적을 이루신 데에는 내조의 힘도 잊을 수 없다. 김영이 사모님의 잔잔하고 섬세한 내조가 김희수 총장님이 훌륭한 일을 해낼 수 있는 가장 든든한 힘이라고 생각한다. 이 회고록의 백미 "사랑하는 아내에게"라는 가슴 절절한 고마움과 사랑의 글은 우리들의 마음을 따뜻하게 적셔 준다.

"배움은 끝이 없어라"하시며 지금도 모든 일에 최선을 다하시는 영원한 현역이신 김희수 총장님의 아름답게 빛나는 미래를 위해 응원하면서 늘 건승하심과 가정의 행복을 기원합니다.

차례

시작하며 나의 삶은 어떤 삶이었을까?　　　　　005
축하의 글 『특별한 선물』 출간을 축하드리면서　　011

1. 맨 처음, 그 자리에 서다
회진도 회의도 없는 날의 아침 풍경　　　　　021
영승재 툇마루에서 앞산을 바라보다　　　　　026
그 깊고 차갑던 우물의 기원　　　　　　　　031
세상이 나를 해석하는 방식　　　　　　　　　036
내 안의 빛과 그림자　　　　　　　　　　　　039

2. 걸어온 길의 의미
인생의 변곡점이 된 미국유학　　　　　　　　045
최고와 최선으로 이룬 김안과병원　　　　　　052
진료실에서 배운 인생의 교훈　　　　　　　　061
정치에 발 들이지 않았던 이유　　　　　　　　066
또 하나의 운명, 육영의 길　　　　　　　　　074
내 인생의 완성체인 건양대학교병원　　　　　086

3. 사학의 새로운 모델을 창출하다

내가 만들고 싶은 대학	099
미래를 예측한 혁신의 새바람	106
취업명문대학, 그 꿈을 이룬 비결	113
20대와 80대, 서로 다른 청춘 문법	126
빵 총장의 성찰	132
시련이 준 특별한 선물	139

4. 무엇을 위해 돈을 버는가?

아무도 말하지 않는 '청부(淸富)의 길'	147
꿈을 꾸러 가는 길에도 여비가 필요하다	153
돈은 목표가 아니라 잘 부려야 할 도구	158
어머니께 배운 소통의 리더십	166
고향은 내게 공덕비를 세우자 했다	173

5. 청춘, 힘내라!

처음 맺은 열매의 소중함	181
'나는 할 수 있다'는 신념	186

스스로 길이 되어 걸어가라 191
'지금'을 살아가라 197
내 사랑 건양 청춘들을 위한 응원가 202

6. '함께하는 삶'의 기쁨
아흔두 번째 맞는 생일 209
아내와 함께 하모니카를 연주하다 218
아들도 딸도 존재 자체로 귀하다 230
삶이 곤궁할 때 기댈 언덕이 되어 준다는 것 239
무엇 하나 나 홀로 이룬 것이 없다 244
근본 없는 삶이 어디 있으랴 253
배움과 성장의 길은 끝이 없어라 261

마치며 마지막 순간까지 나는 현역이다 266

명곡 김희수 박사 연보 270

1
맨 처음,
그 자리에 서다

회진도 회의도 없는 날의 아침 풍경

　동이 튼 지도 한참이 지난 시간, 나는 신문을 펼쳐보며 소파에 앉아 있다. 평소라면 병원이든 학교든 구석구석 한 바퀴 돌아보며 하루 일과를 시작하고 있을 시간이다.

　병원 지하 맨 아래층부터 꼭대기 층까지 차례로 돌며 환자들의 상태를 살피거나 근무 중인 직원들과 이른 아침 인사를 나누다 보면, 훤하게 날이 밝아오곤 했다. 어딘가 복도 모퉁이를 돌다 휴지나 꽁초 하나라도 눈에 띄면 바로 쭈그려 앉아 주워 담았을 것이다. 오랜 습관이다. 어느 시절엔 건양대학교와 병원을, 그보다 오래전엔 김안과병원을 한 바퀴 도는 것으로 나의 하루가 열렸다. 하루 만 보 걷기를 실천하는 일도 이런 아침 일과 한 번이면 거의 채울 수 있었다.

　어제부로 나는 17년간 맡아왔던 건양대학교 총장직을 내려놓았다.

급작스러운 일이었지만 막상 결정을 하고 나니 그것만이 지금 내가 할 수 있는 최선이라는 확신이 들었다. 조금 더 일찍 그랬다면 좋았을 것을, 눈치도 없이 너무 오래 버틴 게 아닌가 하는 후회마저 일었다.

이젠 설립자인 내가 학교를 이끌어가기보다 시대에 맞는 새로운 리더십이 필요함을 인정하고 자리를 비워 주기로 했다. 다음 세대를 길러내는 일은 내 모든 생을 다 털어 넣어도 아깝지 않을 귀중한 일이었기에, 힘든 줄 모르고 부단히도 달려왔다. 늘 좋았다고 말할 수는 없어도, 부지런히 구축해 놓은 작은 터전을 살피고 가꾸는 일이야말로 삶의 의미이고 기쁨이었다.

'지옥으로 가는 길은 온통 선의로 가득 차 있다'

어제 마지막 퇴근을 하면서 떠오른 한 문장이다. 좋은 의도라 믿고 실행했더라도 결과적으로 독선과 교만이 되어 버리는 일이 세상에는 종종 일어난다. 그 기막힌 상황의 주인공이 내가 될 수도 있다는 생각을 한 번도 안 해봤다는 게 문제라면 문제였다.

청춘들에게 조금이라도 더 나은 미래를 열어 주기 위해, 환자들이 가장 안심할 수 있는 병원을 만들기 위해 최선을 다해왔지만, 나에게는 선의였던 행동들이 누군가에게는 지옥으로 이어진 길로 보였다는 걸 왜 진작 알지 못했는지.

어제 저녁 귀가했을 때는 평소보다 집안이 북적이는 느낌이었다. 자식들이 차례로 도착하고 있었다. 걱정되는 마음에 부랴부랴 달려왔을 테지만, 섣부른 위로나 걱정의 말을 하지는 않았다. 함께 밥을 먹고 차를 마시고, 베란다에 핀 꽃들을 보며 웃기도 했다. 내 눈치를 보느라 너무 애들을 쓰는 거 같아 내가 먼저 한마디 했다.

"왜들 안 가고 그러냐? 나 끄떡없다. 때 되면 사람이 쉬기도 해야지."

부러 웃기까지 했는데, 아무래도 자연스럽지는 못했던 모양이다. 제대로 따라 웃는 놈이 하나도 없다.

그나저나, 시간이 원래 이리도 천천히 흘렀던 것인가? 집안에 앉아 아침을 맞는 이 시간이 참으로 낯설고 허전하다. 신문을 보고 있지만, 좀 전에 읽었던 부분이다. 화초에 물이나 줄까 하고 일어서다 보니, 한 시간 전에 이미 주었다는 걸 깨닫고 멋쩍게 다시 신문만 뒤적였다.

마침 거실로 나오던 막내딸이 그런 나를 바라본다. 어젯밤 집에 안 가고 남았던 모양이다. 파자마 차림으로 앉아 있는 내 모습을 물끄러미 보다 말고 한마디 한다.

"어머나 우리 아버지, 여태 주무셨던 거예요? 평생 새벽잠 없으신 줄 알았는데 이렇게 잘 주무실 수도 있었던 거였네!"

이른 아침이든 늦은 밤이든, 양복 단정히 입고 부지런히 오가던 모습만 본 아이들이다. "이젠 연세도 있으시니 잠도 푹 주무시고 편안히 사시면 좀 좋으시냐"며 걱정하던 자식들이 파자마 입고 있는 내 모습에

외려 걱정스런 눈빛이라니. 그러나 활달한 성격의 딸아이는 나의 늦잠을 두고 '참 잘 하셨다'며 수선스런 칭찬을 했다.

언젠가 그만둘 때가 올 거라 생각은 했지만, 막상 닥치니 뭐라 설명하기 힘든 감정이 인다. 어쩌겠나. 적응하기까지 시간은 좀 걸릴 테지만 머잖아 나는 또 이 상황에 맞는 나만의 시간표를 만들어 낼 것이다. 그게 뭐가 될지는 나도 아직은 궁금한 일이다.

아내와 마주 앉아 아침을 먹었다. 평소와 다를 것 없는 대화, '많이 자시라', '오늘따라 국이 참 시원하네' 라는 말로 이어가는 부부의 식탁은 평온하고 단출하다.

상을 물리고 아내가 차를 준비하는 동안 나는 작은 수첩을 펼쳐들었다. 바로 어제까지 온 힘을 다 바쳐 살아온 인생의 흔적이 깨알 같은 글씨로 남아 있다. 그 많은 회의와 식사 약속이 시간 단위로 빽빽하다. 누군가와 만날 때마다 학교와 병원 운영에 도움 될 만한 아이디어가 있으면 수첩을 꺼내 바로 적어 넣었다. 학생들이 들려준 자잘한 건의사항도 갈피갈피 들어 있다. 당장 실행할 것과 좀 더 고민해 봐야 할 것들이 따로 표시돼 있다. 언젠가 시간 날 때 읽어봐야겠다며 적어 놓은 책들의 제목과 칼럼이 순서도 없이 적혀 있다.

"뭘 하자고 이렇게 빽빽히 살았누 그래?"

오늘의 일정에 대해 아무 것도 적을 일이 없는 최초의 하루. 수첩을 내려놓으며 드는 생각이 또 천 갈래 만 갈래 복잡해져 간다.

아내가 가져다준 차 한 모금을 삼켰다. 쌉싸레한 향이 입안에 퍼졌다. 차 이름이 뭐였던가? 자주 마시던 차인데 이런 좋은 향을 머금고 있는 줄을 이제야 깨닫는다. 걸음을 멈춘 뒤 비로소 보이는 세상이란 이런 것인가 보다. 천천히 한 모금을 다시 넘기다 보니, 쓰고 떫은 맛 뒤에 옅은 단맛의 여운이 이어진다.

영승재 툇마루에서 앞산을 바라보다

집을 나서는 발길은 자연스레 영승재로 향했다. 때때로 조상님 묘소도 돌볼 겸 다녀오는데, 중요한 결정을 앞두고 있거나 마음이 어지러울 때도 종종 찾아오곤 하는 곳이다. 잠시 깃들어 앉았다 가는 것만으로도 마음에 위안이 되는 유일한 공간, 여기가 바로 오래된 '나의 집'이다.

마을 어귀에 들어서면 벌써부터 마음이 푸근해진다. 초록으로 일렁이는 한여름 논가에 백로 한 마리가 서 있는 게 보인다. 어릴 적 학교 다녀오던 길에 보았던 한적하고 정겨운 모습 그대로다. 도시에선 하루가 다르게 풍경이 달라지지만 시골은 아직도 유년의 기억 속 흔적들이 제법 남아 있다. 다행한 일이다.

고향집은 양촌면 남산리. '당골마을'이라고도 불리던 고장이다. 나의 10대조 할아버지가 정착한 이래 줄곧 살아온 곳이다. 무려 340년 전의 일이다. 전형적인 농촌 마을인 이곳은 척 봐도 여기가 명당자리란 걸 알 만하게 생겼다. 동과 북, 그리고 서쪽으로 이어진 산자락이 병풍처럼 드리워지고, 남으론 넓은 들판이 펼쳐져 있다.

산 아래 오목한 품에 마을이 형성되었는데, 그 앞으론 냇물이 굽이쳐 흐른다. 황산벌의 젖줄인 인내(仁川)다. 어른들은 여기서 물을 끌어다 농사를 지었고 아이들은 멱을 감으며 놀았다.

영승재 앞에 차를 대고, 나는 언덕 위 선산부터 올랐다. 10대조부터 모시고 있는 종산이다. 아버님과 형님 묘 앞에 머리를 조아리는데 이마에 맺혔던 땀방울이 후두둑 흘러내린다. 나이를 아무리 먹어도 여기만 오면 나는 어릴 적 그 마음이 되어 버린다. 기쁘고 벅찬 일도, 세상사에 지치고 고단했던 사정도 모두 이곳에 달려와 고하곤 했었다. 헌데 오늘은 어떠한 생각도 말도 다 끊겨 버렸다.

바람 몇 줄이 불어와 이마를 스친다. 이젠 집으로 내려가 봐도 좋을 시간. 손수건으로 얼굴을 닦으며 나는 묘소를 내려왔다. 이 덥고 무거운 공기를 털고 어서 빨리 처마 밑 그늘로 들어가 쉬고 싶었다.

영승재는 내가 태어나 어린 시절을 보낸 옛집이다. 아버님이 이 집을 지으신 이후에 형님과 함께 원형을 보존하면서도 조금씩 현대적 실용성을 가미해 가며 고쳤는데, 지금도 학자와 언론인들이 조선시대 후기의 주거 양식을 연구한다며 자주 찾고 있다. 현재 논산시 향토유적 제20호로 지정돼 있다.

아버님은 후손 중 고향에 와서 살 사람을 위해 '영승재(永承齋)'라

영승재는

내가 태어나 어린 시절을 보낸 옛집이다.

아버님이 이 집을 지으신 이후에

형님과 함께 원형을 보존하면서도

조금씩 현대적 실용성을 가미해 가며 고쳤는데,

지금도 학자와 언론인들이

조선시대 후기의 주거양식을 연구한다며 자주 찾고 있다.

현재 논산시 향토유적 제20호로 지정돼 있다.

아버님은 후손 중 고향에 와서 살 사람을 위해

'영승재(永承齋)'라는 현판을 거셨다.

자손 대대로 이 터전에서

번성하기를 바라는 의미셨을 것이다.

는 현판을 거셨다. 자손 대대로 이 터전에서 번성하기를 바라는 의미셨을 것이다. 지금은 살림집으로 쓰지는 않고 종중의 재실로 사용하고 있다. 우리는 여기서 4대 봉사(奉祀)를 하는 것으로 영승(永承)의 뜻을 잇고 있다.

집으로 들어서면서 보니 입구의 배롱나무에 꽃이 활짝 피었다. 이 자리에서 300년은 족히 살아온 나무다. 한번 피기 시작하면 여름내 피고 지기를 거듭하며 더위에 지친 하루에 위안을 주곤 했었다. 내가 철부지 어린아이였을 때도, 90대 노인이 되어 돌아온 지금도 변함없이 화사한 붉은 빛으로 맞아주는 그 묵묵한 환대가 새삼 눈물겹다. 그렇게 300년 넘도록 이 자리를 지켜온 나무의 생을 생각하니, 방금 전까지 마음을 어지럽히던 온갖 상념들이 모두 하찮은 듯 여겨진다.

마당에서 진돗개 발발이가 짖는 소리가 들려왔다. 내가 온 기척은 있는데 안 들어오고 뜸을 들이니 '거기서 뭐하는 거냐'며 보채는 모양이다. 꼬리가 빠질 듯 흔들며 반기는 녀석을 한번 쓰다듬고 집안으로 들어갔다.

중앙에 할머니가 기거하시던 방이 보이고, 그 옆에 어머니의 방이 있다. 그리고 큰형 내외가 지내던 방도 있다. 공간이란 어찌나 세세한 기억까지 고스란히 품고 있는지, 방문을 하나씩 열어볼 때마다 그리운 음성이 내 귓가에 생생하게 들려올 것만 같다. 공연히 방마다 문을 열어 둘러보기를 거듭했다.

마당을 한 바퀴 돌아보았다. 여기는 우사가 있던 자리, 저기는 머슴들이 지내던 방, 그리고 이쯤에 돼지막이 있었다. 그 앞으로는 도랑이 하나 있었는데, 어릴 때 수없이 건너다니며 놀던 곳이다. 행랑채와 돼지우리를 헐어낸 자리에는 지금 아름드리나무들이 자라고 있다. 모두 조경과 화초 가꾸기를 즐기는 아내의 솜씨다. 아버지 세대에 지어졌던 본래 모습이 일부 사라지긴 했지만, 자식들이 새롭게 꾸미고 단장하여 또 다른 조화를 이루고 있다.

이따금 서울이나 대전, 미국에 사는 손주들이 올 때면 나는 일부러라도 여기서 하룻밤 자고 가도록 권한다. 캄캄한 시골의 밤공기와 고요함, 한방에 여럿이 잠을 자보는 어울림의 경험이 그들에게 즐겁고 따뜻한 추억으로 각인되기를 바라는 마음에서다.

영승재가 내게 특별한 의미와 위안의 공간이 되어 주듯이, 이 아이들에게도 이 공간에서의 추억이 거친 세상을 살아가는 동안에 따뜻한 위로와 새로운 용기를 주는 특별한 공간이 되어 준다면 얼마나 흐뭇할까?

그 깊고 차갑던 우물의 기원

우물이 있는 뒤란으로 돌아 들어갔다. 예전 자리에 그대로 있는 우물을 볼 때마다 부모님을 본 듯 먹먹해진다. 우물가 담장 옆엔 어머니가 쓰시던 장독대가 있고 광주리와 채반 같은 것들이 가지런히 기대어져 있다. 싸리나무로 엮은 채반들은 반들거리던 예전의 윤기를 잃은 채 허옇게 색이 바래고 있었다.

우리 집 우물은 아버지가 파 놓은 개인 우물이지만 마치 마을의 공동 우물처럼 온 동네 사람들이 이용했다. 동네에 우물 있는 집이 우리 집밖에 없었기 때문이다. 그래서 우리 집 우물은 그 시절 마을 공동체의 거점 역할을 톡톡히 했었다. 안 그래도 아버지가 마을의 유지여서 동네 사람들의 발길이 끊이지 않았는데, 이 우물 덕분에 우리 집은 언제나 사람들의 말소리 웃음소리로 가득했다.

우물은 생존을 위한 고단한 노동을 잠시 씻어내는 공간이었다. 여기선 허기를 채우고 갈증을 풀어주는 생명의 물이 사철 마르지 않고 솟아났다. 이른 아침 들일을 마치고 들어온 어른들은 이 우물에서 퍼 올린 물 한 바가지로 갈증을 달래고 땀을 식혔다. 아주머니들은 식구들 먹일 끼니를 여기서 씻어 들여갔다.

온종일 뛰놀다 들어온 내가 가장 먼저 찾는 곳도 이 우물이다. 저녁 준비에 한창이시던 어머니는 얼른 두레박을 던져 새로 퍼 올린 물을 내게 건네 주셨다.

"그래, 얼른 씻고 밥 먹자."

그 달고 시원했던 우물의 맛을 지금도 잊을 수 없다.

나는 이 우물 같은 사람이 되고 싶었다. 어둡고 깊은 심연 속에 그토록 차고 맑은 물을 머금고 있는 우물. 누구라도 목마른 사람이면 필요한 만큼 떠갈 수 있는, 우물 같은 사람으로 살면 참 좋겠다는 생각을 했었다.

우물가는 또한 나의 훌륭한 놀이터이기도 했다. 여기서 놀기만 해도 세상 돌아가는 이치를 웬만큼 깨칠 수가 있었다. 마을에 떠도는 소문과 사연들이 모두 여기로 모이기 때문이다. 말하자면 정보의 광장이요, 사람 사는 도리를 저절로 익히게 되는 학교인 셈이었다.

심심할 때 나는 이 우물 속을 들여다보며 놀곤 했다. 고개를 박고 가만히 우물 아래를 보면 저 깊은 바닥에 파란 하늘이 동그랗게 맺혀 있다. 그곳은 알 수 없는 두려움과 신비로운 상상의 공간이었다. 거기에 조그맣게 매달려 있는 한 아이의 얼굴도 보였다. 주먹을 내지르며 '야!' 하고 부르면, 우물 속 아이도 똑같이 주먹을 흔들며 대답했다. '야!'

나는 우물에 씌워진 나무 덮개를 열어보았다. 사용한 지 오래된 우물이라 거의 말랐을 거라 생각했는데, 어두운 저 바닥 아래 물이 고여 있었다. 하늘을 이고 내려다보는 나의 모습이 예전처럼 나를 마주보고 있다. 왈칵 눈물이 날 것 같다. 옛날처럼 '야!' 하고 부르며 놀기엔 너무 나이가 들어버린 얼굴. 너무 어둡고 먼 곳에 맺혀 있어 표정까지 알 수는 없지만, 말 없는 응시만으로 왠지 그 사내의 마음을 알 것 같은 기분이 들었다. 마음속에 깊이 고인 수많은 근심과 고단함에 대해 언제까지든 들어주고 싶은 생각이 들었다. 아마도 남들에게는 보여줄 수 없었던 오래된 그리움 같은 것이리라.

나는 집으로 돌아온 후 낡은 시집을 하나 찾아 펼쳤다. 학창시절 읽은 기억이 있던 시 한 편이 떠올랐기 때문이다. 윤동주 시인의 「자화상」이라는 시다. 영승재 우물가에서 마주했던 유년의 추억과 오래된 꿈의 의미가 바로 '자화상(自畵像)' 이었음을 깨달았다.

자화상

윤동주

　산모퉁이를 돌아 논가 외딴 우물을 홀로 찾아가선 가만히 들여다봅니다.

　우물 속에는 달이 밝고 구름이 흐르고 하늘이 펼치고 파아란 바람이 불고 가을이 있습니다.

　그리고 한 사나이가 있습니다.
　어쩐지 그 사나이가 미워져 돌아갑니다.

　돌아가다 생각하니 그 사나이가 가엾어집니다. 도로 가 들여다보니 사나이는 그대로 있습니다.

　다시 그 사나이가 미워져 돌아갑니다.
　돌아가다 생각하니 그 사나이가 그리워집니다.

　우물 속에는 달이 밝고 구름이 흐르고 하늘이 펼치고 파아란 바람이 불고 가을이 있고 추억처럼 사나이가 있습니다.

93세의 노인에게도 목마름은 여전했고, 그 목마름 끝에서 보이는 자신의 얼굴을 우물 안에서 들여다보니 시인의 마음이 내 마음인 것 같아 나도 모르게 고개를 끄덕이지 않을 수 없었다.

세상이 나를 해석하는 방식

옛말에 '표사유피 인사유명(豹死留皮 人死留名)'이란 말이 있다. 명예를 중시하는 인간의 특성을 가장 설득력 있게 표현해 주는 말이다. 풀어보면, '짐승도 가죽을 남겨 세상에 이익을 주는데 하물며 사람은 더 훌륭한 일을 해 좋은 이름을 남겨야 하지 않겠는가'라는 뜻이다.

명예는 내가 바란다고 해서 생기는 것이 아니라, 남들이 존경하고 따를 때 저절로 생기는 것이다. 이름을 남기기 위해 애를 쓴다고 생기는 것이 아니라, 하루하루 살아온 자취가 남들에게도 존경할 만하다 여겨질 때 한 사람의 명예는 완성된다.

사람마다 가장 귀하게 여기는 덕목이 각기 다르겠지만, 나에게 늘 중요하게 생각됐던 건 바로 이 '명예'였다. 나 스스로 당당하고 타인에게도 인정되는 인간으로서의 존엄을 추구하는 일. 그게 세상 그 어떤 것보다 귀하게 여겨졌다. 진실로 그런 삶을 살고 싶었다. 이런 생각은 아마도 유교적 전통을 중시하는 광산김씨 가문의 영향도 크게 작용했을 것이다.

 인생의 변곡점이 된 몇 개의 고비마다 나는 '그것은 진실로 명예로운 일인가?' 하는 물음을 스스로 던지고 그에 답하는 과정 속에서 결론을 정했다. 미국으로 유학을 가던 때도, 처음에 논산의 한 중학교를 인수할 때도, 후에 건양대학교를 설립할 때도 마찬가지였다. 언젠가 건양대학교 설립을 앞두고 의논을 청했을 때 아버님도 똑같은 말씀을 하셨다.

 "그래, 그 또한 집안의 명예를 높일 수 있는 일이 되겠구나. 한번 해봐도 좋겠다."

 남들은 은퇴하여 장기나 둘 나이에 나는 전혀 새로운 길에 뛰어들었고, 하루 24시간이 모자라게 뛰며 인재양성에 매진했다. 그리고 오래지 않아 지방에 세운 후발 대학치고는 '잘 가르치는 대학'으로 인정을 받는 데 성공했다. 그 정도면 명예로운 퇴장을 꿈꿔도 좋을 정도의 성과도 이뤘다.

 그저 내 하고픈 일을 했을 뿐인데, 세상은 나에게 과분할 정도의 찬사를 보내왔다. 국가로부터 받은 훈장과 표창도 있었고, 고향에선 내게 공덕비까지 세워 주었다. 어떤 언론에서는 나를 '논산의 덩샤오핑'이라 부르기도 했다. 작달막한 키에 고령이 되어서까지 지방 명문대학을 만들어 보겠다고 개혁과 도전을 멈추지 않던 걸 빗댄 표현인 듯하다. 또 어떤 이는 '비타민 P가 있는 사람'이라며 칭찬을 아끼지 않았다. P는 Power(힘)의 첫 글자를 뜻했다. 90을 향해가는 나이에도 젊은 사람 이상의 열정으로 살아가는 걸 높이 평가해 주는 말이었다.

그러나 세상이 부여한 온갖 아름다운 수식들은 한갓 허명에 불과한 것이었는지도 모르겠다. 잠시 마음을 들뜨게 할 수는 있어도 바람에 떨어지는 낙엽 한 장만도 못한 가벼운 것이다.

하루아침에 나는 사학의 대표적인 권위주의적 인물이 되어 세인들의 손가락질을 받았다. 어제도 오늘도 같은 마음, 같은 모습으로 살고 있는 나를 두고 벌어지는 이 극단의 차이를 무어라 설명할지 나는 알지 못한다.

명예를 중히 여기는 나의 삶은 어디로 가고 있는가? 주어진 삶에 최선을 다하고 그 결실로 함께 산 사람들에게 기쁨과 가르침이 될 수 있다면 그것만으로 충분히 명예로운 삶이 되리라 기대했는데, 그걸로는 부족했던 모양이다.

길을 잃었을 때 가장 빠른 해결법은 처음 출발한 그 자리로 되돌아가는 일이다. 되짚다 보면 분명 잘못 내디딘 최초의 지점을 발견할 수 있게 되리라.

내 안의 빛과 그림자

 영승재 우물가에서 '그 사내'와 재회하고 돌아온 이후로, 나는 어느 정도 생각의 갈피를 잡기 시작했다. 가장 필요한 건 내가 누구인지를 아는 일이었다. 내가 알고 있던 내 모습이 다가 아니라는 걸 알게 되었기 때문이다. 미처 깨닫지 못하며 살았지만, 나의 무의식 속에 깊숙이 깃들어 존재하는 또 다른 실체가 있었다. 결정적인 순간에 '그'의 영향력은 살아온 생애 전체를 뒤흔들어 버릴 만큼의 강력한 존재감으로 나타났다.

 사람들이 관심을 갖는 건 주로 내가 이뤄낸 '훌륭한 일'들이었다. 김안과를 열어 우리나라 안과계의 살아 있는 역사가 되었다는 평판이 나를 말해주는 중요한 요소였고, 고향에 학교를 세워 인재 양성에 힘쓴 노력에 대해서는 존경의 마음을 표했다. 이건 분명 내가 살아온 실제의 삶이고 내가 이상적으로 여기던 '빛나는' 삶의 결과였다.

그러나 그 이면에는 결코 인정하고 싶지 않은 '그림자'가 존재하고 있었다. 그는 생각한 일이 즉시 이루어져야 만족하는 급한 성격에, 생각한 대로 일이 안 되거나 더딜 땐 버럭 화를 내기도 잘 했다. 나와 생각이 다른 사람들의 생각을 인정하고 합리적 타협을 하는 데는 서툴렀다. 내가 더 옳다는 확신이 강하게 전제되어 있기 때문이다.

그는 '내가 이끄는 조직이니 모두가 나와 똑같은 마음일 것'이라는 잘못된 믿음을 가지고 있었다. 설득하고 이해시키려 노력하기보다 왜 더 빨리 성과를 만들지 못하는가를 질책했던 건 바로 그런 이유 때문이다.

내 안에 있는 그림자의 존재를 부정하고는 내게 일어난 참혹한 사건을 이해할 방법이 없었다. 내게 있는 어두운 속성이 나 자신과 주변에 의도치 않은 상처를 만들었다. 우물가의 '그 사내'처럼 실망하고 미워진 마음에 아예 등을 돌려 버리고 싶었으나, 문득 연민의 마음이 들어 발길을 돌리기로 했다. 인정하고 싶지 않았던 마음속 그림자를 이제부터라도 정면으로 응시해 보기로 했다.

빛과 어둠은 분리할 수 없는 존재의 양면이다. 어두운 그림자로만 움직이는 그 존재가 나의 다른 모습임을 인정하는 건 아프고 불편한 일이다. 하지만 있는 그대로 받아들이기로 하자 나를 둘러싼 세상이 조금씩 다르게 보이기 시작했다. 모든 걸 옳고 그름으로만 구분하지 않는 또 다른 시각을 갖게 되었다. 포용하고 인정해 보려는 여유가 생긴 것이다.

지나고 보니, 내 안에 있는 그림자의 존재를 인정한다는 건 전혀 부끄러운 일이 아니었다. 깨달음을 얻은 성자라 할지라도 아직 인간인 한 결코 완벽한 존재가 될 수 없는 것인데, 한갓 필부에 불과한 나에게 그런 완벽을 기대하는 것 자체가 무리한 일이었다.

나는 정직과 선을 추구하며 살지만 완벽하지 않은 보통의 인간이다. 내 안의 빛은 공(功)으로 남고, 그림자는 과(過)로 남는다. 당연한 이치다. 내가 이룬 공만이 아니라 과까지 아울러 볼 수 있다면, 현재의 '나'와도 화해하고, 남은 인생이 조금은 편안할 수 있지 않을까.

2. 걸어온 길의 의미

인생의 변곡점이 된 미국유학

1956년 6월 말의 인천항. 나는 미군 수송선에 몸을 실었다. 아직 신혼의 단꿈에 젖어 있어도 좋을 스물아홉의 나이에 미국 유학을 결심하고 나서는 길이다. 난생 처음 타보는 커다란 배가 미끄러지듯 움직이던 순간의 광경이 아직도 눈에 선하다.

저 멀리 어린 딸 용애를 안고 손 흔드는 아내 모습이 점점 작아지는 걸 보며 내가 향하고 있는 먼 길의 의미가 더욱 절박하게 실감되었다. 가족과 떨어져 지내야 하는 안타까움과 앞으로 펼쳐질 유학생활에 대한 기대와 걱정이 뒤엉킨 복잡한 심정이었다.

맨 처음 의사가 되고자 했던 건 전적으로 내 큰형님의 영향이 컸다. 내가 중학교 다닐 때 형님은 공주에서 공의(公醫)로 일하고 계셨다. 형님은 저녁을 먹고 쉬던 중에도 왕진을 가곤 했는데, 자전거를 타고 가다 논에 자빠져 옷을 다 버리는 일도 왕왕 있었다. 그런데 돌아온 형님의 손이 빈손일 때가 많았다. 왕진비는커녕 "더 보태 주지 못하는 게 한"이더라며 혀를 끌끌 차셨다. 어린 마음에도 형님이 그렇게 대단해 보일 수 없었다. 돈이 아니라 인술(仁術)을 실천하고 있는 형님에 대한 존경의 마음이 막연하게나마 내 마음속에 의사로서의 꿈을 심어 놓았던 것 같다.

미국 유학의 꿈은 미 군정기에 만난 한 미국인 의사의 영향이 컸다. 당시 나는 세브란스의대를 졸업하고 대전 보건소장으로 부임해 일하고 있었다. 마침 그곳은 국내에서는 처음으로 미국식 예방의학 체계를 도입해 운영하고 있었는데, 나를 포함한 당시의 모든 의료인들에게는 무척 생소한 개념이었다.

미국에서 온 그 의사는 전염병 예방주사나 모자보건 등에 대한 사전적 의료를 시행했다. 예방주사 같은 게 뭐 그리 신기해할 일이냐고 말하겠지만, 의사의 일이란 병을 고치는 거라고만 생각했지 미리 예방한다는 건 생각해 보지 못했던 때였다. 갓 의사의 길로 나선 청년의사는 눈이 번쩍 뜨이고 가슴이 다 두근거렸다.

가난과 질병은 어쩌면 그렇게 쌍으로 붙어 오는지, 전쟁의 상흔이 채 가시지 않은 그 시절의 삶은 실로 참혹했다. 못 먹고 못 사는 사람들이 폐결핵과 전염병에 속수무책으로 노출되어 있었는데, 그 고통스런 현실을 미리 예방할 수 있다는 발상은 엄청난 발견이었다. 그 후 미국의 발전된 의료기술에 대한 나의 목마름은 더욱 깊어져 갔다.

운명처럼 때맞춰 기회가 찾아왔다. 미국의 병원에 인턴 신청을 할 수 있는 기회가 온 것이다. 나로선 마다할 이유가 전혀 없었다. 상상하는 것만으로도 가슴이 벅차올랐다. 망설일 틈도 없이 유학에 필요한 서류를 준비해 놓고 기다렸다. 그리고 얼마 안 있어 뉴욕 세인트 프란시스병원의 초청장이 왔다. 간절히 원했지만 정말로 그게 가능하리라고는 확신하지 못했는데, 눈앞에서 속속 절차를 밟아가고 있었다.

보름을 항해한 끝에 나는 바퀴도 없는 커다란 가방을 끌며 미국 서남부 롱비치 항에 첫발을 내디뎠다. 처음 목도한 미국은 가히 충격이었다. 항구의 규모로야 당시 인천항과 비슷했다. 그러나 전등 빛으로 휘황찬란한 야경을 보고는 정말 다른 세상이구나 하는 걸 실감했다. 내가 떠나온 고국은 전기가 부족해 늘 어둡고 컴컴한 밤을 보내야 했으니 말이다.

거리마다 내달리는 자동차 행렬 또한 놀라움과 부러움 가득한 시선으로 볼 수밖에 없었다. 세상에 태어나 그렇게 많은 차를 본 것도 처음이지만, 그 자동차를 탄 사람들이 죄다 미국사회의 평범한 노동자들이란 사실에 가슴이 덜컹했다. 신이 있다면 이렇게까지 차별을 해야 했는지, 식민지의 치욕과 전쟁, 가난으로만 점철되는 내 나라의 현실이 더욱 아프게 다가왔다.

놀랄 틈도 없이 나는 거기서 다시 기차를 타고 사흘 밤낮을 달려 목적지인 뉴욕 맨해튼의 그랜드 스테이션 역에 도착했다. 그 후 다시 세인트 프란시스병원으로 향했다. 그곳은 지금도 극빈층 환자들이 많은 곳이다.

1956년 6월 말의 인천항.
나는 미군 수송선에 몸을 실었다.
아직 신혼의 단꿈에 젖어 있어도 좋을 스물아홉의 나이에
미국 유학을 결심하고 나서는 길이다.
난생 처음 타보는 커다란 배가
미끄러지듯 움직이던 순간의 광경이
아직도 눈에 선하다.

〈두 번째 줄 좌측 네 번째가 필자〉

하루아침에 낯선 환경 속에 던져진 것만도 충격인데, 진땀나는 순간의 연속이었다. 도착한 병원에서는 짐을 풀기가 무섭게 업무에 투입되어야 했다. 정식 인턴 근무일이 7월 1일인데, 내가 10일이나 늦게 도착했던 것이다. 우리네 인심이라면 그래도 먼 길 달려온 사람에게 숨 돌릴 여유쯤은 줬을 테지만, 미국은 그렇게 돌아가는 나라가 아니었다.

서툰 영어 실력으로 물어물어 찾아 들어간 곳은 모규(Morgue: 사체 부검실)였다. 변사사건의 원인을 규명하기 위한 부검작업이 나의 인턴 생활 첫 번째 업무였던 것이다. 그렇게 부검실에서 뜬눈으로 밤을 보낸 것을 시작으로, 나의 미국 유학생활이 시작됐다. 지금 생각해도 깊은 숨이 절로 터질 지경이다.

첫 2개월의 적응 기간은 외롭고 고단한 나날의 연속이었다. 두고 온 식구들 생각에 잠 못 드는 밤이 이어졌다. 그럴수록 나는 이를 악물고 내가 무얼 위해 여기까지 왔는지를 생각하며 마음을 다잡았다. 발전한 선진의학을 익혀 병들고 가난한 내 나라에 뭔가 기여할 수 있을 때까지, 무슨 일이 있어도 견디고 이겨내야만 했다.

그때의 한 달 봉급이 100달러. 당시 한국의 국민소득이 50달러이던 시대다. 그 중 절반은 고국으로 부치고 나머지로 한 달을 생활했다. 아내는 먼 이국에서 고생하는 유학생 남편의 돈을 맘 편히 쓸 수 있는 사람이 아니어서, 그 돈으로 미장원을 차려 어린 딸과 시부모님을 모시며 나의 빈자리를 채웠다. 나보다 더한 인고의 시간을 견뎠을 사람. 그런 아내 덕분에 나는 더 마음을 다잡고 학업에 정진할 수 있었다.

그때의 나는 두려움과 긴장감에 압도당할 여유조차 없었다. 힘들수록 더 부지런하게, 고달플수록 더 성실하게 일하며 현실에 적응해 갔다. 타고난 본성이 그렇기도 했지만, 본래 가진 것 없이 꿈만 있는 사람들이 쓸 수 있는 최대의 무기는 성실성과 부지런함밖에 없다.

그런 노력 덕분이었는지, 1년 정도가 지날 무렵 또 다른 기회가 열렸다. 병원 의무과장의 추천으로 일리노이대학 안과대학원에 진학하게 된 것이다. 다시 한번 가슴이 터질 듯 뛰었다.

사실 이름도 생소한 동양의 작은 나라, 식민지와 전쟁을 연달아 거친 가난한 나라에서 온 키 작은 의사로서, 나는 적잖은 차별을 홀로 감당해야 했다. 때론 노골적으로, 때론 은근한 눈길로 가해지던 인종차별도 나를 위축시키는 이유 중 하나였다. 그러나 세상 어디든 열심히 노력하는 사람을 알아봐 주는 사람은 있게 마련인지, 고생 끝에 나의 의지와 능력을 인정받은 것 같아, 그 기쁨은 이루 말할 수 없었다.

일리노이대학 안과대학원은 학비와 숙식 등의 모든 경비를 병원 측에서 부담하는 좋은 조건이었다. 물론 요즘 생각하는 유학 생활과는 거리가 멀다. 아침 8시부터 저녁 5시까지 수업과 실습이 병행되고, 밤에 야근까지 하는 고단한 일상이 기다리고 있었다. 말하자면 근로장학생 같은 조건이다. 뭐가 됐든 감지덕지다. 일과 학업을 동시에 할 수 있으니 내 처지에서는 하늘이 주는 기회였다. 거기에 더해 나는 백내장 환자들을 간호하는 아르바이트까지 병행했다. 몸은 고되지만, 의사로서 더 많은 수련의 기회도 되니 일부러라도 했을 가치 있는 고생이었다.

미국에 있는 동안 하루하루가 배움의 연속이었다. 이전에 접해 보지 못한 의학적 지식과 기술을 현장에서 경험해 볼 수 있었다. 의료현장에서 활용되고 있는 의료기기들은 특히 감탄스러웠다. 그때까지만 해도 국내의 안과에서는 돋보기를 사용해 환자를 진찰했는데, 미국에 가보니 이미 현미경이 보급되어 있었다.

돋보기와 현미경의 차이. 그게 한국과 미국의 차이였다. 귀국길에 내가 굳이 현미경 하나를 챙겨 들어온 것은 그때 받은 충격과 의지를 상징하는 것이었다. 나는 돋보기의 시대를 넘어 현미경의 경쟁력으로 승부하고자 했다.

시카고 안과병원에서 수학을 마치고, 1959년 9월 마침내 귀국길에 올랐다. 3년 3개월간의 유학을 마치고 돌아오는 동안 만감이 교차했다. 그동안 편지로만 소식을 접할 수 있었던 가족을 만날 수 있다는 생각에 얼마나 가슴이 설레었던지 모른다. 가진 것 없이 달랑 꿈 하나 품고 고국을 떠날 때의 그 불안과 암담함은 이제 선진 의료기술을 몸소 체득한 자신감과 원대한 포부로 바뀌어 있었다. 현실에 안주하지 않고 더 높은 목표를 향해 고단한 유학 생활을 감내한 결과다. 그것이 내 인생의 중요한 전환점이 된, 가치 있는 선택이었음은 두말할 필요가 없다.

최고와 최선으로 이룬 김안과병원

미국에서 돌아온 후의 처음 행보는 인천기독병원의 안과 과장으로 들어간 일이다. 무엇을 할 것인지 진로를 고민하던 와중에 인천기독병원에서 요청이 왔다. 미국 유학 출신이니 대우도 상대적으로 괜찮았다. 가장으로서 경제활동을 도모해야 하니, 일단은 수락했다.

그런데 병원 근무를 한 지 얼마 안 돼 곧바로 5.16이 터지고, 황당하게도 나는 다시 군인 신분이 되고 말았다. 혁명정부에 의해 예비역 군의관 소집령이 내려진 것이다. 이미 1954년 마산군의학교를 수료하고 예비역 중위로 임관한 바 있어 '국가유공자'의 신분을 가진 나였지만, 조국은 내게 두 번째 입대를 명했다. 지금의 상식으로는 말도 안 되는 일이다. 그러나 서슬 퍼런 혁명정부가 하는 일에 힘없는 개인이 할 수 있는 건 아무것도 없었다.

전혀 예상치 못한 이유로 나는 가족을 이끌고 생면부지의 부산으로 내려갔다. 거제도 논밭 한가운데 있는 제3육군병원에서 안과 과장 겸

중위로 복무했다. 가서 보니 군의관인 나는 육군 중위, 내 밑의 레지던트는 대위다. 비정상적 시국이 만들어낸 복잡한 위계다.

인생이란 정말이지 알 수가 없다. 군의관으로 복무하면서 나는 부산 서면 로터리에 조그만 야간병원을 개원해 운영했다. 일종의 '투잡'이다. 식구들과 함께 비좁은 옥탑방에 세 들어 살며 나는 군의관이자 동네 안과의사로 일하고, 아내는 조그만 미용실을 열어 운영했다. 결과적으로 이 시기에 나는 얼마간의 돈을 모을 수 있었고, 이게 훗날 김안과 개원의 종잣돈이 되었으니 세상만사 다 좋고 다 나쁜 일은 없는 듯하다.

1962년 제대를 한 후 나는 서울로 올라와 김안과를 개업했다. 사실 그때 부산대에서 교수직을 제안받은 상태였기에 잠시 고심을 하기는 했다. 두 가지 모두 나름의 의미가 있는 길이었다.

나는 최종적으로 서울로 상경하기로 마음을 굳혔다. 형님은 먼 타향에서 고생할 동생을 걱정하셨고, 미국에서 익힌 의학기술은 강단에서보다는 현장에서 펼치는 게 훨씬 더 의미 있을 것 같은 생각이 들었기 때문이다.

내가 개원을 한 지역은 서울에서도 가난한 서민들이 모여 사는 영등포다. 기왕이면 시내 중심에 개원하고 싶었지만 당시는 이것도 맘대로 할 수 있는 게 아니었다. 군사정권 하에서는 개업조차 인구비례를 기준으로 허가를 받아야만 했는데, 개업할 수 있는 지역을 나눠 쿼터를 정했던 것이다. 그때 이미 종로 등의 서울 중심부에는 들어갈 수 없었고 영등포를 포함한 두어 개의 변두리 지역만이 선택 가능한 상태였다.

마침 공주중학교 선배이던 이범순 충무병원장이 영등포에 계셨던 인연으로 자연스럽게 그쪽으로 마음이 갔다. 영세한 공장들이 밀집한 지역으로서 환경은 열악했지만, 시골에서 상경해 오는 인구유입이 매우 활발하여 장차 발전 가능성도 크다고 판단했다. 또한 쇳가루 튀는 노동환경에 있는 사람들에게 안과 질환은 필연적이고, 내가 있어야 할 곳이 바로 그 곳이라는 확신도 들었다.

한여름 폭염이 푹푹 찌던 8월 초, 나는 '김안과의원'의 간판을 달고 진료를 시작했다. 나를 포함하여 간호사 하나, 조수 한 명이 전부인 병원이었다.

첫날 환자가 15명이었던 걸로 기억된다. 결코 성공적인 숫자라 볼 수는 없지만, 내게는 정말 잊을 수 없는 귀한 인연들이다. 시간이 흐르고 서서히 입소문을 타고 환자가 늘기 시작하더니, 얼마 안 가 진료실이 부족할 지경이 되었다.

김안과가 가진 가장 중요한 경쟁력이란 말할 것도 없이 미국 유학을 통한 선진의료기술의 도입이었다. 귀국길에 들고 온 중고 현미경과 Sr90(동위원소)는 김안과를 소개하는 중요한 상징이 되어 점점 더 많은 환자들이 찾아오게 만들었다.

그 시절 우리 병원에는 야인 시절의 김대중 대통령이 치료차 방문한 적도 있었다. 눈에 뻘건 살이 오르는 '익상편'이었는데, 세브란스병원을 다니면서도 자꾸 재발을 했다는 것이다. 다행히 김안과가 보유하고 있는 동위원소 장비로 이를 말끔히 치료해 줄 수 있었다. 이 또한 김안과를 달리 보게 만든 하나의 이유가 되었다.

병원은 갈수록 문전성시를 이루고, 나는 개업 2년 만에 처음으로 조그만 한옥을 구입하여 내집 마련의 감격을 누렸다. 병원도 점점 규모가 커져 1971년에는 지하 1층 지상 4층 규모로 건평 400평의 건물을 신축하기에 이르렀다. 당시만 해도 서울에 있는 단일 안과 병원으로는 가장 큰 규모였다.

처음엔 안과만을 단독으로 하는 병원에서 그 큰 건물을 어떻게 다 채울 거냐는 우려도 있었는데, 1년도 채 안돼 병원은 다시 포화상태를 이뤘다. 내가 생각했던 그 이상의 성공이었다.

아직도 사람들은 묻는다. 도대체 성공의 이유가 무엇이었냐고. 별다른 건 없다. 병원이 잘 되는 건 '잘 고친다'는 평판 없이는 불가능하다. 내가 가진 의료기술이 그만큼 환자들에게 인정을 받았던 게 첫째 비결이다. '적극적인 홍보 전략'도 한몫을 했다. 개원을 앞두고 나는 직접 홍보 전단을 만들어 국립묘지부터 김포공항 일대까지 붙이고 다녔다. 미국생활을 하며 배운 PR의 힘을 적용한 것이다. 이렇게 개업 후 2~3년간을 집중적으로 시내 골목길 담벼락과 전신주에 전단을 붙인 것이 김안과가 자리 잡는 데 큰 도움이 되었다. 탁월한 의술과 시대를 앞선 마케팅 전략이다.

거기에 철저한 환자 우선주의와 책임경영으로 확실한 차별화를 한 것도 성공의 중요한 바탕이다. 요즘은 좀 달라졌지만, 당시 우리나라에

한여름 폭염이 푹푹 찌던 8월 초,
나는 '김안과의원'의 간판을 달고 진료를 시작했다.
나를 포함하여 간호사 하나, 조수 한 명이 전부인 병원이었다.
첫날 환자가 15명이었던 걸로 기억된다.
결코 성공적인 숫자라 볼 수는 없지만,
내게는 정말 잊을 수 없는 귀한 인연들이다.

서 의사라는 직업은 '벼슬'이었다. 그러나 나는 환자 위에 군림하는 권위 대신 환자를 '고객'으로 대하고자 했다. 365일 연중 무휴, 24시간 진료체제를 고수한 것이 대표적이다. 명절이든 휴일이든, 환자들 머릿속에 '김안과라면 언제든 치료받을 수 있다'는 인식을 심어주고자 했다. 50년 넘게 그 원칙을 고수하는 내게 구성원 중 일부가 "뭐 그렇게까지 힘들게…"라는 말을 할 때마다 나의 대답은 한결같다.

"병이 날짜 가려 찾아오나? 언제든 치료가 필요한 순간 그 기대를 충족시켜야 하는 게 진짜 병원이다. 무슨 일이 있어도 내 병원에선 환자를 거절하는 일은 있을 수 없다." 이 원칙을 지키기 위해 나는 살림집을 아예 병원 맨 위층으로 옮기기도 했다. 밥을 먹다가도 언제든 진료실로 달려가기 위해서다.

진료실에서 환자가 앉는 의자도 등받이가 있는 편안한 의자로 준비했다. 대개 의사는 근사한 회전의자에 앉고 맞은편 환자는 작은 간이의자에 앉게 하는 게 보통이다. 의사는 오래 앉아있어야 하고 환자는 잠깐만 있다가 가니 그럴 수도 있겠다 싶지만, 이거야말로 환자를 대하는 권위적 발상이라 생각했다.

누가 뭐래도 진료를 받는 동안은 환자가 주인공이 되어야 한다. 자신의 질병에 대한 자세한 설명과 치료에 대한 안내를 받는 것이 기본이다.

"의사가 환자의 병을 진찰해야지, 환자의 주머니를 진찰해서야 되겠느냐?"

후배 의사들에게 내가 가끔 하던 말이다. 김안과에서나 건양대병원에서 내가 강조하는 진료의 원칙이다. 스스로에 대한 다짐이기도 하지만, 함께 하는 모든 의료진들이 이런 마음을 가져 주기를 바라기 때문이다. 부자든 가난한 노동자든, 내게는 똑같이 중요한 환자일 뿐. 말투와 표정으로 드러나는 차별도 나는 항상 경계하고자 했다.

지금은 서비스 마인드든 마케팅 개념이든 상식이 되었지만, 50여 년 전부터 시작한 김안과의 시도는 사람들에게 매우 신선한 감동으로 다가갔을 것이며 믿을 만한 병원, 잘 고치는 병원이라는 명성의 토대가 되지 않았나 생각한다.

시내에 전단지를 붙이며 설레고 두려운 마음으로 시작한 나의 김안과가 어느새 개원 59주년을 맞았다. 처음 그 씨앗을 뿌린 장본인으로서 그동안 이룬 성장이 실로 감격스럽다. 처음 병원이 들어선 그 자리에 이제는 지상 9층 지하 3층 규모의 본관과, 지상 6층 지하 3층의 망막병원이 들어서는 등 장족의 발전을 거뒀다.

3명으로 시작한 직원도 400여 명의 대식구로 늘었다. 개원 첫날 15명이던 환자가 지금은 하루에 2,000여 명에 이르고 있다. 각막, 백내장, 소아안과 등 진료과별로 세분화하여 운영하며, 세계 최초의 망막센터를 열었고, 명실공히 동양 최고의 안과병원이라는 명성을 쌓고 있다.

지난해 8월 15일, 개원 58주년 기념식 날, 나는 병원 이사장으로서 직원들에게 축하의 인사와 함께 감사를 전했다. 해마다 그 자리에 서는 순간의 가슴은 실로 벅차다.

김안과에서는 긴 역사를 함께해 온 구성원들과 함께 자축하는 마음으로 해마다 장기 근속한 직원들에 대한 포상을 한다. 30년 근속, 25년 근속, 20년, 10년 근속자들이 단상에 올라 황금열쇠를 받는다. 어떤 해에는 역대 직원들을 초대해 성대히 잔치를 벌였다. 3,40년 전 앳된 아가씨로 왔던 간호사들이 이제 나이 지긋한 어머니의 모습이 되어 찾아온 걸 보고 나는 감개가 무량했다.

예전에 나와 함께 진료하던 청년 의사들은 각자 새로운 병원을 책임지는 훌륭한 원장님들이 되어 찾아왔다. 그 한 사람, 한 사람이 모두 김안과의 역사 자체다. 반갑게 손을 잡고 옛날 애기를 하노라니 50년 세월이 어제와 같다. 주름살 가득한 얼굴로 만난 우리는 한 식구처럼 모여 때로 힘들고 때로 따뜻했던 추억을 오래오래 나눴다.

역대 직원들을 초대해 한 자리에서 보는 일은 현재의 김안과를 지켜가는 직원들에게도 퍽 뜻 깊은 일이 될 듯하다. 역사가 있는 병원, 한 사람, 한 사람의 스토리가 거대한 줄기로 이어져 하나의 전통을 유지해가고 있는 병원에 대한 일종의 자부심과 일체감이 전해지지 않을까 하는 생각이다.

요즘도 이따금 김안과병원에 갈 때면 으레 오래된 나의 집무실부터 들른다. 50여 년 전 내가 쓰던 책상과 의자가 그대로 자리를 지키고 있는 곳. 아내가 마련해 준 방석도 옛날 그대로 얹혀 있다. 그 자리에 앉을 때면 나는 언제나 자유롭고 편안한 상태에 이른다.

이곳은 한때 아이들을 키우며 살림하던 공간이기도 했다. 경리를 보던 데가 부엌, 지금 원장실로 쓰는 방은 아이들 방이 있던 곳이다. 집과 일터를 일체화한 그 공간은 일과 삶을 하나로 융화시켜 살아온 나의 치열했던 역사를 그대로 품고 있는 것 같아 더욱 애착이 간다. 여기에 기거하면서 밤낮없이 환자를 만났고, 병원 스텝들과 토론을 벌였으며, 내 아이들을 길러냈다.

주변 친구들은 "이제 웬만큼 벌었으니 살림집은 별도로 구분해 사는 게 어떠냐"고 했지만, 환자가 찾을 때 즉시 내려가 볼 수 있는 조건을 유지하는 게 나에겐 더 중요한 일이었다. 좀 더 안락하고 집다운 집에 살게 해 주지 못한 게 아내와 아이들에게는 미안한 일이지만 말이다.

둘째 딸 용란을 시집보낼 때 함이 들어온 곳도 이곳이다. 그날 진료를 다 마치고 난 어스름 저녁, 신랑 친구들이 벌이는 유쾌한 소동과 즐거운 웃음소리가 이 건물을 가득 메웠다. 그런 행복한 추억들이 켜켜이 쌓인 병원이자 집인 곳, 그러니 그저 등 기대고 의자에 앉아 보는 것만으로도 말할 수 없는 평안을 느끼는 것이다.

그날 함을 받던 새색시는 지금 김안과병원의 대표 원장이 되어 든든히 제 역할을 다하고 있는 중이다. 아비로서도, 초대 원장으로서도, 참으로 대견하고 뿌듯한 일이다.

진료실에서 배운 인생의 교훈

건양대학교를 세워 육영의 길에 집중하게 되면서 나는 차차 김안과 병원의 책임을 내려놓았다. 30여 년을 의사로 살아온 사람이 진료 가운을 벗는 일은 사실 쉬운 일이 아니었다. 나는 안과의사로서 환자를 볼 때가 가장 행복했고, 그 모습이 가장 나답다고 여겨왔다.

건양대학교 일만으로 하루 24시간이 부족한 와중에도 나는 한동안 서운하고 허전한 마음을 달래기 힘들었다. 다행인 것은 나보다 더 유능하고 믿을 만한 후임들이 든든히 성장해 있었기에 홀가분하게 그곳을 벗어나 새로운 일에 매진할 수 있었다는 점이다.

아직껏 명곡 김희수라 불리는 인간의 정체성이 의사에 있다고 여기고 있는 나로서는, 진료실에서 보낸 30여 년 경험이 무엇과도 바꿀 수 없을 만큼 소중하다. 그동안 나의 진료실을 거쳐 간 수많은 사람들을 일일이 기억할 수는 없지만, 눈의 질환이 치유되고, 못 보던 사람이 마침내 세상을 보게 되는 환희의 순간을 나는 수도 없이 경험했다.

기억나는 환자 중 구로공단에 근무하던 한 20대 여성 환자가 있었다. 처음 진료실 문을 열고 들어설 때 나는 그녀의 얼굴을 제대로 볼 수가 없었다. 사시 때문에 앞머리를 늘어뜨려 얼굴을 반쯤 가리고 다니는 게 습관이 되었던 탓이다. 요즘은 어릴 때부터 부모들이 병원에 데리고 와 일찌감치 치료를 해 주니 사시인 채로 다니는 사람을 거의 볼 수가 없지만, 60, 70년대만 해도 그런 환자들이 꽤 많았다. 특히 여성들에게 사시는 심한 콤플렉스가 되어 사회생활에 큰 장애가 되곤 했다.

수술을 마치고 거울을 보여주었을 때, 그 여성 환자는 믿을 수 없다는 듯 자꾸 거울을 들여다보며 좋아했다. 수술 한 번으로 그렇게 밝은 웃음을 찾았으니 그 보람이 얼마나 크던지, 내 기쁨 또한 그녀 못지않게 컸다. 그 환자는 훗날 내게 편지를 전해와 또 한 번 감동을 안겨 주었다. 이제는 결혼하여 행복하게 잘 살고 있노라는 그 말. 그 평범한 행복이 그렇게 귀하게 여겨질 수 없었다. 그런 게 의사로 사는 진짜 행복이다. 의사가 행복한 건 돈을 벌어서도 있지만, 누군가의 삶에 어떤 희망적인 작용을 해 줄 수 있다는 점에 있음을 나는 절실히 깨달았다.

한 번은 추석을 막 지나고 난 무렵이었는데, 대기실 밖이 시끄러웠다. 나가보니 웬 노인 한 분이 손주들과 실랑이를 하고 있었다.

"내가 살면 얼마나 산다고, 뭐 하러 돈 없애고 수술을 한다냐? 일 없다. 난 그만 내려갈란다."

분명 역정이 난 목소리는 아닌데, 없는 형편에 자식들에게 부담될까 두려운 마음이 그렇게 소리치게 하는 것 같았다.

"안 돼요, 할아버지. 수술하면 다 고칠 수 있다구요. 돈은 벌면 되지. 글쎄 같이 들어가시자구요!"

병원을 하다보면 이런 장면을 종종 만나게 된다. 막무가내로 뿌리치는 할아버지를 붙드느라 손주들의 소리도 덩달아 높아지고 있었다.

"허허~ 이리로들 와보세요. 얘기나 같이 해 보십시다. 어쩌면 제가 공평하게 끝내 드릴 수도 있을 거 같으니까요."

진찰해 보니 노인은 백내장을 오래 앓아 시력을 거의 잃어가는 중이었다. 추석 쇠러 내려간 손자들이 보다 못해 우리 병원으로 모시고 온 건데 그 야단이 난 것이다.

며칠 후 그 노인은 지팡이 없이 걸어서 우리 병원을 나갔다. 자식들 돈 축나는 거 걱정하던 어른의 근심도 덜고, 할아버지가 남은 생을 지팡이 없이 다닐 수 있기를 바라던 자손들의 바람도 해결할 적정선의 타협을 내가 제시한 결과다. 덕분에 병원의 수익은 약간 줄었지만, 기분 좋게 병원 문을 나서는 그네들의 뒷모습을 보며 그날도 난 의사로 사는 기쁨으로 충만했다.

물론 진료실에 이런 미담만 있는 건 아니다. 때로는 잘못된 이기심과 도덕적 해이로 눈살 찌푸릴 일도 종종 있다. 한 번은 영등포공단에서 일하는 한 청년이 눈을 다쳐 병원에 왔다. 근무환경이 열악하니 눈에 쇳가루가 튀고, 열기에 화상을 입는 일도 비일비재했다. 치료를 다 마친 후 시력검사를 한 결과 다행히 그 환자는 거의 완벽하게 회복이 되었다.

그렇게 본인도 만족스럽게 치료를 마치고 갔는데, 이 친구가 나중에 재해보상 신청을 하면서는 다시 눈이 안 보인다고 우기는 게 아닌가. 나는 그 자리에서 호통을 쳤다.

"나라 돈이 그렇게 우습냐? 허튼 소리 말고 당장 여기서 나가라!"

그렇게까지 해서라도 좀 더 많은 보상을 받으려는 사정이야 알겠지만, 그건 정당한 일이 아니었다. 평소 환자의 입장에서 최선을 다한다는 것이 나의 소신이지만, 그런 반칙에 동조할 생각은 없었다. 오히려 그 잘못된 생각을 바로잡는 것이 어른 된 사람의 역할이라 생각했다.

나의 수입이 늘어나는 것보다 더 중요한 것은 올바름과 정정당당함이었다. 그 기준에서 벗어나는 어떠한 일도 나는 단호하게 거부했다. 이런 나의 태도를 두고 고지식하다거나 융통성 없다고 말할지 몰라도, 경우와 사정에 따라 달리 적용되는 원칙이라면 나는 결코 동의할 수가 없다.

김안과를 나올 때 후배 의사들에게 나는 딱히 '당부의 말' 같은 것은 하지 않았다. 평소 '환자의 입장에서 판단하라'는 말만큼은 귀에 못이 박히게 했으니, 그 이상 말이 더 필요 없었다.

의사가 최선의 노력으로 환자의 병을 치료하는 건 기본 중 기본이다. 거기에 더해 보이지 않는 환자의 마음까지 어루만질 줄 안다면 그야말로 최고의 의사다. 가난한 사람들은 병이 깊어도 치료비 걱정 때문에 의사 앞에 서는 걸 두려워한다. 환자의 이런 상태를 종합적으로 고려하는 것이 진짜 의사의 길이라 나는 믿고 있다. 한동안 "왜 김안과는 강남에 분원을 세우지 않냐"는 소리도 많이 들었다. 오랜 역사와 기술력이 있으니 강남에 분원 하나쯤 세운다면 수익 면에서도 상당한 이익이 될 거라는 얘기다. 하지만 나는 예나 지금이나 그럴 생각이 전혀 없다. 너나없이 강남으로만 달려가는 세태에 나까지 휩쓸리고 싶지가 않기 때문이다.

수십 년 전 병원 운영에 미국식 마케팅과 서비스 마인드를 접목해 성공을 거둔 나지만, 의술이 오직 돈 하나만을 가지고 결정되고 판단되는 것에 대해서는 동의하고 싶지가 않다. 아직까지도 김안과의 강남 분원 얘기는 심심치 않게 나오는 중인데, 그럴 때마다 나는 이렇게 말해주곤 한다.

"그래, 맞다. 돈 버는 거 나도 무척 좋아하지. 그런데 그거는 아슈? 강남 부자들 돈이나 강북 사람들 돈이나 다 똑같다는 거."

사실 이 말은 처음 김안과를 영등포에 열 당시부터 했던 말이다. 나는 강남부자의 돈이 싫은 게 아니라, 너무 돈만 따라 움직이는 인생을 살고 싶지 않을 뿐이다.

정치에 발 들이지 않았던 이유

논산 양촌리 시골에서 나고 자란 나는 비교적 순탄한 인생을 살아온 편이다. 일제 강점기와 6.25전쟁이라는 비극적 시대를 겪으며 성장한 것치고는 의사로서도, 사학재단 설립자로서도 비교적 성공한 삶을 유지해 온 편이고, 나름대로는 시대에 필요한 역할을 했다는 평판도 얻었다.

그동안 많이 들었던 말 중의 하나는 "정치를 했어도 좋았을 분이, 왜 안 하고 있었는지?" 하는 거였다. 그저 인사치레인 경우도 있었지만, 실제로 특정 정당에 대한 입당과 출마를 권유받은 적도 여러 차례 된다. 그럴 적마다 나의 대답은 한결같았다.

"천만에요. 저는 정치는 안 합니다. 제 길을 열심히 갈 뿐입니다."

나와 한 시대를 같이 산 인물들 가운데는 뭐든 성공을 해서 이름 좀 알린 인물들이 정치권으로 유입되는 경우가 적지 않았다. 정치란 모름지기 백성들의 삶을 잘 보살피기 위한 봉사가 본질이며, 그에 알맞는 전문성이 필요한 분야일 텐데, 우리나라에선 그동안 출세의 대명사처럼 인식된 측면이 없지 않다. 그러니 조금이라도 특출나다 싶은 사람만 보면 의당 '정치 할 사람'으로 '추켜세우는' 풍토가 있었던 것이다.

나와 인연 있는 사람 중 정치인으로서 유명한 인물을 꼽자면 단연 김종필 전 총재라 할 수 있겠다. 그에 대한 여러 평가가 있겠지만 한국 정치사에 중요한 한 거목임에는 틀림이 없다. 그와의 인연은 중학교 시절로 거슬러 올라간다. 그의 부친이 부여 면장을 지냈다 하고, 어릴 적부터 동네에서 말을 타고 다닐 정도의 부유한 환경에서 성장한 사람이다. 내 기억 속의 그는 말수도 적고 온순한 성품이었다. 아직 십 대이던 때에도 어딘가 범접하기 힘든 기품 같은 게 느껴지는 선배였다.

언제이던가, 공주중학교 2년 후배인 나는 기숙사 실장이던 그의 방을 청소하러 들어간 적이 있었다. 그의 책상에는 유독 책이 많았다. 도쿠가와 이에야스의 책과 나쓰메의 소설집, 일본 역사 서적들이 꽂혀 있었다. 히틀러의 『나의 투쟁』도 있었던 것 같다. 방 한쪽에는 만돌린도 있었다. 그의 지적 관심과 면모에 알 수 없는 흠모의 마음이 일어났다.

그 조용하고 기품 있던 선배가 후에 5.16의 주역이 되었을 때, 나는 적잖이 혼란스럽기도 했다. 사람이 본래 가진 품성과 전혀 다른 길로 이끄는 힘이 정치에는 있는 모양이구나 싶었다. 그렇게 시운에 지배되는 삶의 행로가 부럽게 느껴지지는 않았다.

그 시절 내가 지향하는 목표와 관심사는 전혀 달랐다. 그분이 뭔가 사상이나 현실 사회의 움직임에 관심이 있었던 것에 비한다면 나는 열심히 공부해 부모님께 효도를 하고 싶은, 소박한 시골 소년에 불과했다고나 할까?

우리가 공주중학교를 다니던 무렵에도 좌익과 우익으로 갈린 여러 흐름들이 있었다. 뭔가 비밀스럽게 목소리 낮춰 나누던 대화들 속에는 자유니, 민족이니, 계급이니 하는 용어들이 뒤섞여 있었지만, 나는 그 어디에도 휩쓸려 다니지 않았다.

그 무렵엔 소위 불순한 학생들이 퇴학을 당하거나 유치장에 구금되는 사건들도 간간이 있었는데, 일부 학생들이 독서회를 조직하고 봐서는 안 될 '불량서적'을 읽는다는 소문도 돌았다. 아마도 마르크스의 『자본론』과 엥겔스의 저작들이었을 것이다. 또 어느 때인가는 하숙집에 모여 일본인 선생을 배척하자는 모의를 하며 '일본의 패망'을 얘기하다 일본 순사에 발각되어 검거되는 일도 있었다.

이런 사건들의 배후에는 독립군이나 좌익계열의 영향력이 있었다. 소요에 가담했던 학생들은 해방 후 정치권으로 들어간 경우가 많았다. 비록 내가 그 흐름에 동참하지는 않았지만 암울했던 역사에 정면으로 맞서고자 했던 그 의로움과 기개를 나는 인정하고 존중했다.

이따금 생각해 보았다. 그런 일에 직접 가담하는 사람들과 나와는 어떤 차이가 있었던 것인지. 애국심의 차이일까? 그렇지는 않은 거 같다. 나도 그 누구 못지않게 우리나라를 사랑한다고 자부하고 있기 때문이다. 상당 부분은 타고난 성품과 기질의 차이가 아닐까 생각한다. 당시의 나로선 무엇이 더 옳다 그르다를 나누는 일엔 별 관심이 없었다. 어느 시대를 막론하고 모두가 똑같은 선택을 할 수는 없는 노릇이다.

어쨌거나, 5.18 이후 그는 충남권의 맹주로서 정치적 성공을 거듭해 갔고, 나는 김안과를 차분히 성장시키며 논산 출신으로서 성공한 인물 반열에 확실히 올랐다. 그때 논산의 지역발전을 위한 모임에 참석해 소위 JP사단의 인물과도 교류를 하게 되었는데, 여러 차례 정치권 진출을 제안 받았다.

가까운 지인들 가운데 은근히 나의 정치권 진입을 기대하며 권유하는 경우도 있었다. 나의 외사촌이자 김안과 원무과장으로 평생을 함께한 이종선도 그 중 하나다. 항상 지근거리에 있었으니 정치인들이 어떤 제안을 하는지 가장 잘 알 수 밖에 없는 위치에 있었다. 매번 요지부동으로 거절하는 나를 보며 내심 실망하는 기색이 역력했다.

그랬던 그가 최근엔 "그때 안 하기를 참 잘하셨다"고 말해 한바탕 웃음을 터뜨린 적이 있다. 마음만 먹으면 국회의원 몇 번 하는 거야 일도 아니었겠지만, 평생 의사로서 교육자로서 존경받을 수 있었던 지금의 삶이 훨씬 더 명예로운 선택이라는 걸 확실히 알겠다는 것이다.

"아이구~ 안 가길 백 번 잘한 거쥬. 글루 갔으면 기껏 도둑놈 아니면 사기꾼 소리나 들었겠지, 별거유? 멀쩡히 잘 살다 그 짝으로 간 이들 중 태반이 다 그랬으니께."

어차피 가지 않은 길, 가정해서 하는 말들이 무슨 의미가 있을까 싶지만, 이제 와 생각해 보면 내심 마음이 동했던 적이 아예 없었다고 할 수는 없다. 사람으로 태어나 한 번쯤은 높은 권력에 올라 보고픈 욕망도 일어날 법하지 않았겠나.

어쨌거나 내가 정치에 발을 들이는 일은 평생 일어나지 않았다. 생각해 보면, 정치나 이념 같은 것에 대한 뿌리깊은 상처 때문이 아니었나 짐작된다. 좌우 이념 대립이 초래한 비극적 현대사의 기억이 나로 하여금 정치와 거리를 둘 수 밖에 없도록 했던 것 같다.

해방 이후 6.25를 거치는 동안, 우리 집안에서도 좌익과 우익으로 갈라져 다른 길을 걷는 사람들이 생겼다. 밀고 밀리는 전쟁의 와중에 우익이 장악하면 우리를 좌익 집안이라고 감시하고, 인민군이 들어올 때는 자본주의 지주 집안이라고 핍박을 했다. 그 와중에 사촌 형제 몇이 빨치산이 되어 산으로 들어갔다 비참한 최후를 맞이한 일이 있었다. 끔찍한 것은 또 다른 친척 가운데 누군가는 토벌대로 활동을 했다는 사실이다.

무엇이 사람으로 하여금 증오와 적대의 운명으로 몰아넣는 것인지, 내 눈에 비친 이념의 실체는 끔찍한 폭력이며 야만일 뿐이었다. 인간의 해방을 강조하지만 정작 그 사상의 틈바구니에서 인간들이 희생되고 있는 현실을 두 눈으로 보았다. 어느 쪽이 더 옳다고 한들 무슨 의미가 있겠는가? 게다가 둘째 형님 일가가 폭격으로 돌아가신 사건은 가족 모두에게 평생 지울 길 없는 상처가 되었다. 그때 형님의 장녀이던 아홉 살 용순이만이 유일하게 살아남았다. 어떤 위대한 사상도 이런 슬픔까지 감내할 가치가 있을 것 같지는 않았다.

한편, 살벌한 전쟁 속에서도 어떠한 이념과 사상을 가졌는지와 무관하게 '사람은 그저 사람으로서 같다'는 걸 생각하게 한 일도 있었다. 인민군과 국방군이 진퇴를 반복하던 중, 우리 마을이 인민군 치하가 되었던 때가 있었다. 그때 우리 집 머슴이던 사람이 인민위원장 완장을 차고 기세등등하게 쳐들어와 부모님이 농사지은 볏가마를 공출해 가던 장면은 두고두고 잊혀지지 않는다. 그 뒤집힌 세상의 비정함을 그들이 말하는 평등으로 해석하기란 나로선 불가능한 일이었다.

그런데 인민군으로 내려와 마을에 주둔하던 사람들은 걱정했던 만큼 잔인하지도 난폭하지도 않았다. 그들은 대개 나와 비슷한 또래의 청년들이었는데, 개중엔 열댓 살 정도의 앳된 얼굴들도 많았다.

한 번은 낮에는 행군을 하고 밤이면 처마 밑에서 잠드는 게 안쓰러워 들어오라고 했지만 '주민들에게 피해를 줄 수 없다'며 끝내 마다했다. 그때 나는 생각했다. 입고 있는 군복이 어느 쪽인지보다 중요한 건 사람의 됨됨이 아닐까 하고.

지금도 보수와 진보가 대립하고 있지만, 어느 정치가 더 낫다고 판정하는 건 나의 관심사가 아니다. 어디에 소속되어 있든 인간에 대한 기본을 갖춘 사람이라면 나는 누구와도 친구가 될 수 있다고 생각한다. 누가 정권을 잡든 다시는 이 땅에서 전쟁이 일어나서는 절대 안 된다는 것 하나만이 유일하게 바라는 나의 소망이다.

암울했던 시대의 무게에 위축된 내 청년기의 내면은 그다지 호기롭지도 낭만적이지도 못했던 것 같다. 해방 이후의 정세는 젊은이들의 심장을 뜨겁게 뛰게 했으며, 대학에서도 민족, 민주를 외치며 현실정치에 뛰어드는 게 당연시되던 분위기였는데도 말이다.

나 역시 그러한 가치들에 대해 공감하고 동의하면서도 그 이상의 행동으로 나가지는 않았다. 나에 대한 부모님의 기대를 생각했고, 내가 평생을 바쳐 걸을 길은 의사로서의 성공뿐이었다.

나는 직업 정치인의 삶과 진정성에 대해 폄훼할 마음이 없다. 다만 정치적 의견을 갖는다는 것과, 정치인의 길로 나선다는 건 전혀 다른 차원의 일이다. 이 둘을 혼동할 때 자칫 인생 전반의 길이 혼란스러워질 수 있다고 생각해 왔다.

격동의 시기를 지나온 나였지만, 나의 자식들이 살아가는 시대에도 정치적 태평성대는 오지 않았다. 내 젊었을 때의 그 혼란이 내 자식들의 시대에도 마찬가지로 이어지는 것을 보며 나는 마음이 무거웠다. 하필 우리 현대사의 중요한 변곡점을 이뤘던 80년대가 내 자녀들이 대학을 다니던 때와 맞물려 있었다.

자식들 또한 가슴에 더운 피가 흐르는 청춘이었으니 사회정의를 외치며 때로 학내 시위에도 나가는 걸 대략 눈치로는 알고 있었다. 아주 적극적으로 앞장선 것은 아니지만 대중적인 시위가 일상처럼 이어지던 분위기였으니 아무래도 영향을 받지 않을 수 없었을 것이다. 아무리 부모라도 이미 성인이 된 자식의 머릿속까지 관여할 수는 없는 법. 나의 시대는 이미 지나고 이제는 자식들의 시대이니만큼 그들 나름의 가치관과 기준으로 판단하고 행동하는 것이 당연하다 여겼다. 그래도 부모로서의 걱정스런 마음에 지나가는 말인 듯 한마디 했을 뿐이다.

"너희도 시간이 지나면 바라보는 게 달라질 수 있을 거다. 지금 보고 생각하는 것만이 전부라 생각하지 않으면 좋겠구나."

나의 이런 태도에 놀란 건 오히려 아이들이었다. 평소 보수적이고 전통적인 가치관을 강조하던 나였으니 당연히 호통부터 치고 단속할 것이란 짐작이 빗나간 것이다.

어쨌거나 자식들은 모두 크게 선을 넘거나 무리하지 않고 무사히 그 시대를 통과해 각자의 길을 걸어가고 있다. 참으로 다행한 일이다.

또 하나의 운명, 육영의 길

학교로 들어가는 초입에는 10대의 학생들이 삼삼오오 무리지어 다니고 있다. 뭐가 그리 재밌는지, 깔깔 웃고 장난치는 아이들은 보는 것만으로도 미소 짓게 한다. 이따금 고향에 내려갈 때면 일부러라도 건양 중·고등학교에 한 번씩 들르게 되는 이유다. 영승재에서 10분 남짓한 거리니, 천천히 걸으며 어지러운 생각들을 정리하기도 적당하다.

학교를 둘러싼 풍경은 지금 봐도 한 폭의 그림처럼 푸근하고 아름답다. 이곳은 옛사람들이 봉소(蜂巢)골이라 부르던 곳으로, 지형상 사방에서 많은 벌들이 모여드는 형국을 하고 있다. 학교터로서는 최적이다. 물론 학교가 들어서기 전에는 별다른 쓸모를 찾지 못했던 하천부지에 불과했지만 말이다. 학교를 짓기엔 정말 '아무것도 없는' 곳이었다. 교량을 새로 놓고 도로를 신설하는 등 기본적인 인프라를 구축하는 일부터 신축 건물을 세우는 데까지, 그야말로 A부터 Z까지를 모두 내가 책임져야 했다.

이 학교에 특별한 애정이 가는 것은 학교 건물은 물론 들어가는 진입로부터 나의 손길이 안 미친 구석이 없기 때문이다. 교정에 들어서면 기숙사와 학생식당 건물에 눈길이 먼저 간다. 처음 학교를 세우던 무렵부터 심혈을 기울인 이 학교의 중요한 공간이다.

본관 쪽으로 가다 보면 '창조, 정직, 도전'이라는 글자가 크게 눈에 들어온다. '나는 할 수 있다'라는 글귀가 새겨진 바위도 예전 그 자리에 우직하게 서 있다. 학교를 세우면서 정한 기본 가치들이다.

가만히 교정 벤치에 앉아본다. 건물 안으로 들어가는 한 학생을 부르니, 저만치서부터 알아보고는 바로 인사하며 달려왔다. 자율학습 중인 고3학생 윤사랑이라고 자기를 소개했다.

"그래그래, 방학인데 공부하러 나왔구나."

잠시 그늘에 앉아 이런저런 이야기를 나누는데, 학교 설립자 할아버지를 대하는 어려움보다는 그냥 집안 어른을 대하듯 밝고 스스럼이 없다. 교사가 꿈이라는 이 학생은 건양대학교병원에 잠시 입원했던 어머니가 건양교육재단과 학교를 소개하는 글을 보시고는 적극 추천해 온 경우라고 한다.

"네가 보기엔 이 학교가 정말 그렇게 좋아 보이더냐?"

나는 요즘 학생들이 건양을 선택하는 기준을 한번 들어보고 싶었다. 학생은 망설임 없이 "기숙사가 있다는 점이요!" 하고 대답한다.

"충남에서 기숙사 있는 학교는 아직도 우리 건양이 유일하잖아요. 그냥 수업 마치고 쉬는 숙소 개념이 아니라 함께 생활하고 다양한 프로그램들이 진행되는데, 뭔가 배움의 공동체 같다는 생각도 들고 많은 도움이 되고 있어요. 안정적으로 학습에 집중할 수도 있구요."

나는 흐뭇하게 고개를 끄덕였다. 그건 오래전 이 학교를 세울 당시에 내가 생각했던 그대로의 목표였다. 학교를 세우는 단계부터 기숙사를 염두에 두었던 이유를 이 학생이 그대로 말해주고 있는 것이다. 기분이 좋아진 나는 습관처럼 지갑을 열어 용돈을 쥐어 주었다.

"시원한 아이스크림이라도 사서 친구들과 나눠 먹으며 공부해라."

뜻밖의 용돈에 놀란 듯 동그란 눈으로 바라보던 아이가 이내 공손히 인사를 하며 받아든다. 건양대학교에서 만나는 대학생들과는 또 다른 풋풋함과 순수함이 참으로 어여쁘다. 내가 뿌린 배움의 씨앗이 이렇게 여전히 잘 자라고 있는 걸 보며 나는 적잖이 기분이 좋아져 돌아섰다.

내 인생에 전혀 계획이 없던 학교 건립에 뛰어들게 된 첫 시작은 1978년 늦가을이었다. 김안과병원을 세워 안과의사로서 성공적인 삶을 누리던 때, 생각지도 않은 손님이 내게 찾아왔다. 고향 양촌의 면장님을 비롯한 지역 유지 몇 분이다. 그들은 면 소재지에 작은 중학교가 하나 있는데, 운영이 너무 어려우니 이를 인수해 줄 수 없냐는 제안을 해 왔다. 그때의 내 나이가 50이었다. 아무리 백세시대라 하지만 그 나이에 뭔가 새로운 걸 시작한다는 건 결코 쉬운 일이 아니다. 그래도 고향 분들의 청이 하도 간절하여 일단 현지에 내려가 인수중학교의 실태를 직접 보고 생각해 보기로 했다.

학교의 상황을 보니 건물이며 규모가 아주 형편없이 낡아 있었다. 억대의 재단 빚을 감당할 수 없어 이대로라면 폐교를 할 수 밖에 없다는데, 그렇게 되면 그 일대 학생들은 다닐 학교가 아예 없어지게 된다. 이 학교가 면내 유일한 중학교였기 때문이다.

여러 주변 사람들의 의견을 들으며 나는 서서히 마음속으로 결정을 굳혀 가고 있었다. 무엇보다 가난한 농촌지역 학생들이 그나마 공부할 수 있는 길은 열어 줘야 하는 거 아닌가 하는 책임감 같은 게 들기 시작한 것이다.

오직 의사의 길을 향해 매진한 인생이지만, 생각해 보니 후학을 양성하는 일에 대한 오래된 선망이 마음 깊은 곳에 남아 있었다. 이는 오래 전 미국 유학시절의 절실했던 의지를 다시금 소환하면서 뚜렷해졌다. 부유한 나라 미국에서 더 뼈저리게 실감했던 내 나라의 가난. 할 수만 있다면 더 많은 사람에게 배움의 기회를 열어줘야 한다는 생각이 절실하게 다가왔다. 가진 것 없이 도전할 수 있는 거의 유일한 희망의 사다리가 배움이기 때문이다. 나 스스로도 그 어려운 시기에 미국으로 건너가 선진학문과 새로운 경험에 도전했던 게 결정적 전환점이었음을 부정할 수 없다.

사람은 어떤 환경에서 태어나는지가 어떤 인생을 살게 될지를 대부분 결정한다. 태어난 국가와 사회문화적 환경, 부모의 지위와 경제력 등이다. 그 조건이 불리할 때 인생을 조금이라도 바꿀 수 있는 유일한 길은 교육 말고는 없다.

나는 당시 1억 2천만 원의 빚을 갚아주는 조건으로 학교를 인수했다. 이왕 시작하는 것 제대로 한번 해보고자 하는 의욕으로 새로운 학교 부지를 사서 건물을 올렸다. 1980년, 학교법인의 명칭도 건양학원으로 변경하여 양촌중학교를 개교했다. 폐교 직전의 학교가 농업기술학교였던 것에 비하면 완전히 새로운 출발이다. 그리고 2년 후엔 양촌고등학교까지 설립했다.

이후 1994년에 다시 한번 학교 명칭을 변경하여 건양중·고등학교로 바꿨다. 학생들의 건의가 있었기 때문이다. 양촌면에 있는 학교니 양촌중·고등학교로 부르는 게 자연스러울 것이라 생각했는데, '촌(村)' 자가 들어가는 게 학생들 입장에서는 촌스럽게 여겨졌던 모양이다. 수학여행 가서 '어디서 온 학생들이냐'는 물음에 머뭇거리게 되더라는 것이다.

내겐 양촌이든 건양이든 크게 문제될 게 없어 보였지만, 십대의 감수성은 별것도 아닌 것이 별것이 되기도 하는 나이인지라 그러려니 했다. 학생들은 동창회 전체의 동의를 얻어 왔고, 나는 학생들의 요청을 받아들여 교명 변경에 동의를 해 주었다.

어떤 일이고 결정을 하기까지는 신중을 기하지만, 이왕 하기로 맘 먹은 이상 '최고'와 '최선'을 고집하는 게 나의 방식이다. 학교 교사와 기숙사를 짓는 동안, 나는 그때 할 수 있는 모든 정성을 다 쏟았다. 고향 아이들이 공부할 집을 아무렇게나 만들고 싶지가 않았다. 잘 지었다고 소문난 학교는 모조리 찾아가 보고 공사에 반영했다. 특징 있게 생긴 물웅덩이는 아름다운 연못으로 만들어 물고기가 놀게 하였으며, 나무 한 그루 심는데도 품종과 방향 등을 꼼꼼히 생각하며 최대한 아이들에게 미칠 정서적 영향까지 따져가며 심었다. 내가 살 집을 짓는대도 그 정도로 하기는 어려울 정도였다. 그리고 이것은 이후 건양대학교를 지을 때도 마찬가지였다.

교실에는 그때만 해도 흔치 않았던 컬러TV를 설치하고 어학실과 도서관, 기숙사와 생활관에 수세식 화장실을 구비했다. 운동장에는 잔디구장과 테니스장을 만드는 등 당시 대전과 충남 일대에서 단연 최고의 시설이라는 말을 들을 만큼 정성을 들였다. 얼마 전까지 폐교 위기에 처했던 농업전수학교의 모습은 사라지고, 서울의 유명 사립학교 수준의 시설로 탈바꿈했으니 천지개벽 수준의 변화였다.

나는 가난한 시골동네의 학교라고 그런 고급시설을 갖지 말란 법이 없다고 생각했다. 오히려 삶이 어려운 지역의 학생들의 기를 살리고 더 큰 꿈을 키워 주기 위해서라도 나는 최고의 환경을 갖춰 주고자 했다.

덕분에 그 시절 학교를 다니던 학생들에게는 학교생활에 대한 특별한 기억들이 많다. 한 번은 수업 종이 울렸는데, 교실 한 자리가 비어 있더란다. 한참을 찾아다닌 끝에 화장실에 앉아 있는 학생을 찾아냈다고 한다. 냄새나는 화장실에 앉아 있다 저린 발을 절뚝이며 나오던 재래식 화장실만 보다가 난생 처음 구경하는 새로운 변기가 그렇게도 신기했던 것이다.

학교를 신축하면서 기숙사를 반드시 짓도록 한 것은, 어려운 시골 사람들의 형편을 잘 알기에 내린 결정이었다. 버스도 몇 대 안 되지만 가난한 시골 살림의 학생들에게는 그 차비조차 부담스러운 액수였다. 형편 되는 집안은 어떻게든 해나가겠지만, 없는 집 자식들은 결국 학업을 포기하고 집안에서 농사나 거들어야 할 처지가 되곤 했다. 고작 차비 때문에 학교를 포기한다는 게 말이나 되냐고 하겠지만, 당시엔 그게 현실이었다. 나 역시 학교에 가려면 걸어서 산 하나를 넘어 다니던 기억이 있는 사람으로서, 낙후된 지역일수록 기숙사 딸린 학교가 큰 도움이 되리라는 걸 잘 알고 있었다.

내가 양촌중학교를 개교한 초기에는 또래보다 나이가 서너 살 이상 많은 신입생들이 심심찮게 눈에 띄었다. 이전까지 진학할 엄두도 못 내다가 뒤늦게 들어온 학생들이었다. 최신 시설에 기숙사까지 있고 차비 걱정도 없으니 학교를 못 보낼 이유가 다 사라진 것이다.

그 시절 중학교를 다닌다는 건, 그럴 수 없었던 시절과 전혀 다른 삶의 가능성을 내포하는 일이었다. 지역 유지들이 어떻게든 학교가 폐교되는 상황만은 막고자 애타게 나를 찾아온 이유이기도 하다.

일단 육영의 길로 들어서니, 운명은 더 깊숙이 나를 그 길로 이끌어갔다. 건양중·고등학교를 세워 운영한 지 10년이 지난 1990년, 나는 또 한 번의 도전을 감행했다. 이왕 발 벗고 나선 것, 시대정신에 맞는 인재를 양성하고 지역사회 발전에 확실하게 이바지할 수 있는 본격적인 행보에 나서고 싶은 욕심이 생겼다. 고향 논산에 건양대학교를 설립하기로 한 것이다. 물론 생각이 현실로 이어지기까지는 수많은 고민과 힘든 과정을 거쳐야 했다. 태어나 그렇게 긴 불면의 밤을 보내기는 그때가 처음이었던 것 같다.

대학 설립의 구상 단계에서 나는 수년에 걸쳐 안팎의 다양한 의견을 구하며 고심에 고심을 거듭했다. 나의 아버님과 형님은 "가문을 위해 명예로운 일이 될 것"이라며 적극 찬성하셨다. 또 당시 육영사업과 관련하여 고견을 구했던 정석모 전 내무부 장관과 서명원 전 문교부 장관, 구본정 건양중·고등학교 교장 등도 적극적으로 찬성하였다.

가까운 친인척이나 병원 운영진 가운데는 반대 의견이 많았다. 그 중 나를 아끼는 선배 신두영 선생은 "그 골치 아픈 걸 구태여 하려느냐"며 걱정하셨다. 그도 그럴 것이 1980년대 말의 대학가는 민주화운동과 학원 민주화 등의 소요가 절정에 달해 정상적인 학사운영이 어려운 상황이었다.

남들은 이미 은퇴에 이른 시점에 대학 설립을 감행하는 것에 대한 우려도 있었다. 결과를 장담할 수 없는 일에 평생 모은 사재를 통째로 털어 넣어야 하는 것에 대한 현실적 걱정도 컸다. 그러나 맨 처음 쓰러져 가는 폐교를 인수하던 때와 마찬가지로 내 마음은 서서히 결정되어 가고 있었다.

무엇 하나 쉬운 게 없었지만, 이미 나로선 사서 하는 즐거운 고생일 뿐이었다. 나는 여러 사학 설립자들을 찾아 그들의 경험을 청해 들었다. 교육계에 종사하는 다양한 사람들에게서 기본적인 조언을 구하며 조금씩 윤곽을 잡아 나가기 시작했다. 건양중·고등학교를 세울 때처럼 학교 건물과 캠퍼스 구축에 대해 제법 전문적인 지식도 쌓아 나갔다.

누군가는 무모하다며 실패를 예단했던 일. 그러나 나는 보란 듯이 도전하여 지방사학의 모델이 될 만한 학교를 꼭 만들어 보고 싶었다. 대학을 설립한다면서 굳이 고향 논산을 고집한 것도 고향 발전을 위한 나만의 신념이 있기에 가능한 일이었다. 서울도 아니고 대전도 아닌 시골에 대학을 세우겠다는 나의 결심에 대부분의 사람들은 고개를 갸웃했다. 누가 봐도 일반적인 선택은 아니었다. 사람도 없고, 문화도 없고, 하다못해 이렇다 할 상권조차 없는 지역에 중고등학교도 아닌 대학교를 세우다니. 그러나 그 아무것도 없는 고향, 나를 품고 키워준 논산에 대해 뜻깊은 보답을 하고 싶었다.

구체적인 설립단계로 들어갔을 때 생각지도 않은 복병이 불쑥불쑥 불거져 나오기도 했다. 돈도 돈이지만 지주들이 땅을 내놓지 않아 말썽이었다. 하는 수 없이 시가의 40배를 넘게 주고 땅을 매입하기도 했다. 당시가 1989~1990년 무렵인데, 갑자기 건자재 품귀 현상이 빚어졌다. 정부가 일산, 분당 등 신도시를 건설할 때와 맞물려 전국의 건자재가 그곳으로 몰린 것이다. 다행히 이규성 전 재무부 장관 같은 분들이 큰 도움을 주셔서 무난히 극복할 수 있었다. 평소 내가 살아온 삶이 그래도 나쁘지 않아 천만다행이라는 생각이 들었다.

우여곡절을 겪으며 1989년 10월에 첫 삽을 뜬 후 인문학관·경상학관·이공학관·기숙사 등이 차례로 지어졌다. 그해 말에는 10개 학과 400명 모집 정원의 건양대학교 설립 인가를 받았다. 처음 모셨던 교수래야 고작 25명뿐인 대학. 그래도 첫해 7.5대 1이던 경쟁률이 1994년에는 25.9대 1까지 치솟으며 빠르게 안정권에 들기 시작했다. 그리고 그 해에 의과대학 신설 인가까지 받았으니, 그 기쁨은 이루 말로 표현 못할 정도로 컸다.

건양중·고등학교를 세울 때도 그랬지만, 나는 직접 건물 설계부터 디자인까지 당대 최고의 시설을 만드는 데 남다른 공을 들였다. 지방대생이라는 콤플렉스를 극복하기 위해서라도 교육 여건만큼은 남부럽지 않게 꾸려 주어야겠다는 생각이었다.

건양대학교를 건립할 때 나는 미국 하버드 등의 사례를 두루 살피며, 종합대학으로서의 기능과 향후 도달하고자 하는 건양대학교의 비전을 종합적으로 구현할 공간으로서 심사숙고했다. 캠퍼스 설계와 건축의 전체 책임을 안병익 교수에게 맡겼다. 그는 내가 생각하는 '지방명문대'를 구현해 줄 최고의 적임자였다. 그는 요즘도 가끔 학교를 방문해 교정을 한 바퀴 둘러보며 오래전 열정 가득했던 시절에 대한 추억을 나누기도 한다.

"총장님 그때 제일 많이 말씀하신 게 뭔지 아세요?"

"글쎄, 뭐였지?"

"'튼튼해야 한다, 깔끔해야 한다'였어요. 어찌나 꼼꼼하게 챙기시던

지, 미장이나 인테리어까지 직접 만져보고 결정을 하셨죠. 전공자인 저보다 공부도 얼마나 많이 하셨던지, 실무자들이 당해낼 도리가 없을 정도였거든요."

오래전 일이라 기억이 가물가물하지만, 그는 내가 "벽의 인코너가 일직선이어야 미장이 반듯이 나온다"고 지적하면서 작업을 새로 하라 지시하더라고 했다. 전문가인 자신도 미처 생각 못한 부분까지 콕 집어내 구체적인 지시까지 하는 모습에 놀랐다는 것이다.

외벽 타일을 붙이는 것도 당시 미국에서 들여온 공법을 적용하도록 했다. 급격한 온도차로 인해 떨어지는 것까지 미리 대비한 것이다. 그 덕에 건양대학교는 이제껏 타일 한 조각 떨어져 나가는 법 없이 말짱하다. 시시콜콜 따지고 지시하는 나로 인해 실무자들은 여간 힘들지 않았을 것이다. 그랬기 때문에 30여 년이 지난 지금까지 전국에서도 손꼽히는 '아름다운 캠퍼스'로 남을 수 있었다.

학교를 운영해 가면서도 나는 캠퍼스의 각 요소들을 둘러보며 초창기의 초심을 상기해 내곤 했다. 설계도부터 훤하게 기억되는 교정은 볼 때마다 마음이 뿌듯하다. 정말 '내 손으로 일군 학교'라는 느낌 때문이다.

최고의 전문가를 모셨으니 그냥 맡겨도 좋았을 것을 왜 그렇게까지 깐깐하게 굴어야 했을까? 타고난 성격 탓도 있겠지만, 난 그렇게 하는 게 당연한 도리라고 생각한다. 여기 와 공부할 학생들이 내 자식과 내 손주라는 생각을 한다면, 그까짓 돈 몇 푼 아끼자고 대충 짓는 짓은 절대로 못할 것이다. 그러니 나는 자재도 최고여야 하고, 책임자도 최고의 전문가를 데려와야 직성이 풀렸다.

 교정 곳곳을 채우며 서 있는 아름다운 수목도 왜 그 자리에 있어야 하는지, 왜 그 수종이어야 하는지에 대한 나름의 고민이 다 있었다. 거기엔 아내의 수고가 많이 녹아 있다. 아내가 농원에서 오래 애착을 갖고 가꾸던 수목 가운데 가장 수려하고 튼실한 것만을 골라 학교에 옮겨 심었다.

 차츰 학교의 모양이 갖춰갈 때쯤엔 지인들 가운데 나무를 기증해 주시는 분들이 생겨났다. 삼미통상 김기연 회장님은 평소 친분이 있던 내가 대학을 설립한다니 흔쾌한 마음으로 나무를 기증해 주시며 이렇게 말씀해 주셨다.

 "이 나무 값은 한 푼도 안 받을 테지만, 나중에 살리지 못하고 죽이는 날엔 내가 돈을 받아야겠네. 꼭 잘 살려서 무성하게 뻗을 수 있게 해 주시게."

 단순히 나무 한 그루의 성장만을 의미하지는 않으셨을 그 말씀을 나는 마음 깊이 새겨 담았다. 그때 심은 나무들은 지금도 아름답게 가지를 뻗으며 그 자리를 지키고 서 있다. 나무 값을 변상할 일이 안 생겨서 다행이라 생각한다.

내 인생의 완성체인 건양대학교병원

육영사업에 뛰어든 이후 나에게는 새로운 포부가 생겨났다. 바로 의과대학을 설립하고 대학병원까지 세워 보고 싶은 꿈이었다. 60 평생 쌓아온 의료인으로서의 경험과 병원 운영 경험을 교육에 접목시킨다면, 그 어떤 의과대학보다 잘할 수 있다는 자신이 있었다.

그리고 오래지 않아 나는 그 꿈을 이루었다. 건양대학교는 개교 이듬해인 1992년 4월 1일, 종합대학으로 승격했다. 1994년에는 의과대학 신설 인가와 함께 대학원 설치 인가도 받았다. 의과대학 설립 허가는 보통 십수 년에 달하는 오랜 시간이 걸리는 일이지만, 우리 건양대학교는 단 한 번에 받아냈다. 건양대학교가 설립 인가를 받던 1994년에는 전국에서 20개 대학이 신청을 했었는데, 그 중 단 4개 대학만이 인가를 받는 데 성공했다. 건양대학교는 2위로 통과했다.

이듬해인 1995년 3월 2일, 드디어 의과대학 신입생들의 입학식이 있었다. 이날의 감격을 나는 두고두고 잊지 못한다. 그 후 6년이 지난 2001년 2월 첫 졸업생 32명이 배출되었다. 놀랍게도 2010년에는 의

사고시 수석이 우리 건양대학교 의대에서 나왔다. 신입생의 입시성적도 전국 2위를 기록했다. 의사고시 합격률도 매년 100%에 육박한다. 의사 출신의 대학 총장이 누릴 수 있는 최고의 영예란 바로 이런 것이 아닐까 생각한다.

의과대학 설립 인가를 받은 이후, 나는 오래전부터 머릿속으로 그려온 대학병원 건립 준비에 착수했다. 김안과병원을 동양 최고의 안과병원으로 키워낸 경험을 바탕으로, 이번에는 국내를 넘어 세계적 수준의 종합병원을 만들어 보고 싶었다.

처음에는 고향 논산에 병원을 건립할 생각이었지만, 여러 조건과 상황을 고려하여 대전 서남부권에 세우기로 최종 결정했다. 부지를 물색하던 중 수목이 울창해 대전 시민들이 즐겨 찾는 만수원 땅이 눈에 들어왔다. 논산의 건양대학교와도 인접해 있을 뿐 아니라 주변에 대규모 아파트 단지가 조성될 예정이어서 대학 부속 병원 부지로는 최상이었다. 주저할 이유가 없었다. 내가 직접 나서 땅 주인과 협상을 벌인 끝에, 1995년 만수원 전체 토지의 일부인 2만여 평을 매입하는 데 성공했다. 내가 원하는 계획을 향하여 순조로운 진행을 이어가고 있었다. 건양대학교를 설립할 때 이상으로 가슴이 두근거렸다.

내가 원하는 병원은 '가장 현대적이고 좋은 시설을 갖춘 병원'이었다. 설계를 앞두고 가장 심혈을 기울인 일은 해외 병원을 두루 시찰하는 것이었다. 1996년 1월, 일본 도쿄대의대와 이바라키현 중앙병원,

국립암센터, 성가루병원 등을 방문해 각각의 특징과 장점을 세밀하게 분석했다. 그해 6월에는 오사카 시립병원도 방문했다.

해외만이 아니라 국내 병원도 두루 살펴보았다. 노원 을지병원, 전북대학병원, 충남대학병원, 분당 차병원, 이대목동병원, 아주대학병원 등 내가 설립할 건양대학교병원과 규모와 내용 면에서 유사한 곳을 우선적으로 참고했다. 그렇게 둘러본 결과를 반영하여 1997년 6월 26일, 대전광역시 서구 가수원동에 2만 2,000여 평 부지에 대학병원 건설 기공식을 거행했다.

병원 건립과정이 순조롭기만 했던 건 아니다. 공사를 약 30% 정도 진행했을 무렵 외환위기가 터져 버렸다. 국내 대부분의 공사현장이 중단되고, 건설회사들이 줄도산할 것이라는 소문이 돌았다. 우리 건양대학교병원 공사현장도 불안감이 감돌았다. 대금이 제때 지불되지 않으면 공사가 그대로 중단될 것 같은 위기감이 팽배했다.

그런데 '위기는 곧 기회'라는 말이 그 공사현장에서 실현되었다. 외환위기로 은행의 수신금리가 크게 올랐는데, 나는 그동안 비축해 놓은 예금이 충분히 쌓여 있었다. 상승한 금리 덕을 톡톡히 보게 되어 그것만으로도 공사를 계속해 나갈 수 있게 되었다. 특히 외환위기 여파로 건축비가 내려가면서 건양대학교병원은 오히려 더 내실 있고 튼튼한 건물을 지을 수 있게 되었다.

사실 이 과정에서 아내의 도움이 결정적이었다. 공사대금 문제로 전

전긍긍하는 내게 그동안 알뜰히 모아둔 돈을 내준 것이다. 작고 여리게만 보이던 아내가 그 순간 그렇게 대단해 보일 수가 없었다. 아내 덕분에 나는 대학병원 건립이라는 필생의 과업을 무사히 마칠 수 있었다.

이렇게 건양대학교병원은 2000년 2월, 621병상을 갖춘 종합병원으로 세상에 문을 열었다. 병원을 지을 때부터 나는 '환자 중심의 환경을 갖춘 병원', '교수가 365일 진료하는 병원'을 모토로 삼았다. 이것은 내가 그동안 김안과병원을 처음 개원할 때부터 지켜온 불문율 같은 것이다. 첨단시설과 쾌적한 환경, 365일 교수들의 직접 진료 등 새로운 병원 문화를 내세운 우리의 개원 전략은 적중하여 예상했던 것보다 훨씬 빠르게 환자가 증가했다. 개원 1년 만에 1일 외래환자 1,000명, 입원환자 600명 선을 넘기는 등 중부권 지방에서 최고의 시설과 규모를 자랑하는 병원으로 자리매김하게 되었다.

나는 지금도 맨 처음 병원 건립을 준비하던 시점의 일들이 기억에 생생하다. 유난히 추웠던 그해 겨울, 병원 관계자들은 추위를 느낄 겨를도 없이 숨 가쁘게 움직였다. 그 모든 과정을 진두지휘하며, 나는 인생에서 가장 바쁜 계절을 보냈다. 병원을 건립하는 과정에서 내부 시스템을 구축하는 데 있어서도 나는 무조건 '최상의 수준'을 목표로 일을 추진했다.

건양대학교병원에서도 '최초'와 '유일'의 행진은 계속되었다. 대전 지역에서 에스컬레이터를 설치한 것도 건양대학교병원이 최초였다. 환자들이 편하게 진료를 받을 수 있도록, 외래를 보는 여러 과와 진료부서들을 최대한 합리적으로 배치한 것도 건양대학교병원이 가진 차별적 요소였다. 입원실 각 동마다 전망이 뛰어난 곳에는 휴게실과 간이주방을 설치해 환자와 보호자들이 휴식도 하고 간단한 음식도 나눌 수 있도록 했다. 몸이 아파 입원을 했지만, 최대한 쾌적하고 정서적으로도 안정감을 느낄 수 있도록 배려한 것이다.

병원 천정에는 레일을 설치해 약품이나 진료 서류를 자동으로 운반하도록 했다. 일명 ATS(자동반송장치)다. 병원 내 모든 차트가 자동으로 관리되어 의료진이나 환자들이 차트를 들고 다니는 불편을 없앴다. 의무관리시스템도 도입하여 진료가 끝나면 처방 받은 약을 바로 약국에서 찾을 수 있도록 했다. 이러한 최첨단 시설은 그 자체만으로도 입소문을 타고 큰 화제를 불러일으켰다.

2001년 2월, 건양대학교병원 개원 1주년을 맞아 내가 평소에 강조하던 서비스 정신을 '아우어(O.U.R) 서비스'라고 명문화하여 공표했다. 아우어 서비스란 우리 병원을 찾는 모든 환자들을 충분히 만족시켜 주겠다는 굳은 의지를 담은 것으로서, 그 내용은 다음과 같다.

'One-Stop 서비스' - 우리는 고객의 시간을 내 시간처럼 아낀다.
'Upgraded 서비스' - 우리는 어제보다 향상된 서비스로 고객을 모신다.
'Refreshing 서비스' - 우리는 항상 쾌적한 환경과 새로움을 추구한다.

그 머리글자를 딴 'OUR'라는 영문자가 마침 '우리의'를 뜻하는 말이어서 여러 의미를 담고 있었다. 그래서 1주년 기념식 때 교직원 대표가 '아우어' 선서를 낭독하는 선포식을 가졌다. 그리고 병원 현관에 '우리의 다짐'이라는 제목으로 책을 펼친 모양의 아우어 서비스 조형물을 세웠다. 교직원 모두 '아우어 서비스'를 늘 잊지 말라는 뜻도 있고 우리 병원을 찾는 환자분들께도 우리가 이와 같은 자세로 모시겠다는 의지를 알려드리기 위해서였다. 아우어(OUR) 서비스는 새로운 의료문화 창달에 앞장서고 있는 건양대학교병원만의 특화된 서비스다.

2002년은 우리나라가 월드컵 경기를 통해 온 국민이 한 마음, 한 뜻으로 놀라운 기적을 일구어냈던 해다. 온 국민의 열망으로 월드컵 4강 진출이라는 신화를 만들어냈다. 우리 국민 전체가 하나가 되어 '대한민국'을 목청껏 외치고 감격에 겨워 태극기를 흔들었다. 더구나 전 세계가 우리나라를 향해 관심을 쏟았던 경사스러운 국제행사에 우리 건양대학교병원이 일조하게 된 것은 지금 생각해도 가슴 뿌듯하다.

2001년 3월, 우리 병원은 월드컵 조직위원회가 선정하는 '2002년 FIFA 월드컵 축구대회 공식 지정병원'으로, 대전·충남에서 유일하게 지정되는 쾌거를 이루어냈다. 대전의 유수한 병원 가운데 가장 후발주자이고 개원한 지 불과 1년밖에 안 된 상황에서, 공신력 있는 대외기관으로부터 우리 병원의 우수성을 인정받은 것이다.

2002년 6월 18일, 16강에 진출한 한국과 이탈리아의 경기가 있던 날은 8강 진출을 앞두고 두 나라의 공방전이 너무 치열해서 부상자들이 속출했다. 당시의 경기를 많은 사람들이 기억하고 있겠지만 이탈리아 선수들이 페어플레이를 하지 않고 반칙을 심하게 했다. 이때 김태영 선수가 코뼈 골절상을 입고, 밤늦게 우리 병원으로 긴급 후송되어 다음 날 새벽까지 수술을 받았다.

김태영 선수는 앞으로의 경기에 지장이 없다는 의료진의 판단에 따라 병원에서 처치한 코뼈 보호 마스크를 쓰고 출전해서 우리나라가 4강에 진출하는 데 공로를 세웠다. 또 최용수, 김남일 선수 등 스타플레이어들이 월드컵 기간 중 우리 병원에서 진료를 받았으며, 차두리 선수도 뒤에 진료를 받았다. 월드컵 4강 진출이라는 신화를 이루어낸 훌륭한 선수들이 우리 건양대학교병원에서 치료를 받고 8강 진출의 염원을 이루었고 다시 4강 진출이라는 신화까지 만들어냈으니, 우리 국민이 하나가 된 크나큰 국가적 경사에 조금이라도 보탬이 된 것 같아 뿌듯하다.

건양대학교병원은 2013년 1월 국제의료기관평가원(JCI)에서 시행하는 병원 인증을 획득함으로써 세계적 수준의 병원임을 인정받았다. 병원 경영 및 진료 시스템을 효율적으로 개선해 나가기 위해 모든 교직원이 합심하여 JCI 인증을 준비했다. 컨설팅에서 본 평가까지 10개월이라는 최단 기간에 인증을 통과했는데, 세계적으로 가장 빠른 기간에 인증을 받은 것으로 알고 있다.

미국 의료서비스 평가기관인 JC(Joint Commission)가 실시하는 JCI 인증은 전 세계 의료기관들이 환자들에게 안전한 양질의 의료서비스를 제공하도록 개발된 인증제도이다. 진료와 진단과정, 의료장비 수준, 감염 및 환자권리, 시설안전, 직원교육 등 14영역 1,216개에 달하는 평가항목을 통과한 의료기관에 수여되며, 의료의 질적 수준 및 환자 안전에 대한 세계적인 공인인증서로 여겨지고 있다.

그 당시 국내 의료기관 중 JCI 인증을 획득한 종합병원은 10개 병원에 불과했다. 수도권에 세브란스병원을 포함한 6개, 경기도 2개, 경상도 1개, 전라도 1개 등으로 중부권에서는 아직 인증 받은 병원이 없었다. 우리 건양대학교병원이 중부권에서 최초로 받은 것이다.

건양대학교병원은 그동안의 비약적인 발전으로 지역주민의 건강을 책임지는 대표적인 사립대학병원으로 성장하였다. 그리고 더 높은 수준의 의료서비스 요구에 발맞추고자 현재 새 병원 개원을 목전에 두고 있다.

이미 지난 2018년 5월 16일 착공한 새 병원은 건물면적 9만 6,000여 m^2에 지상 10층, 지하 4층 규모로 지어진다. 새 병원이 완공되면 본 병원을 포함하여 1,130 병상, 총 17만 2,000여m^2 규모의 병원이 된다. 이는 대전 서남부 지역의 지속적인 개발과 우리 병원의 진료권인 논산, 부여, 금산, 옥천과 세종특별자치시 등의 인구변화 추이를 고려한 것이다.

대전 시민들이 즐겨 찾는 만수원 땅이 눈에 들어왔다. 논산의 건양대학교와도 인접해 있을 뿐 아니라 주변에 대규모 아파트 단지가 조성될 예정이어서 대학 부속 병원 부지로는 최상이었다. 주저할 이유가 없었다. 내가 직접 나서 땅 주인과 협상을 벌인 끝에, 1995년 만수원 전체 토지의 일부인 2만여 평을 매입하는 데 성공했다. 내가 원하는 계획을 향하여 순조로운 진행을 이어가고 있었다. 건양대학교를 설립할 때 이상으로 가슴이 두근거렸다.

새 병원 설계에 주안점을 둔 사항은 감염관리 최적화다. 보건의료정책의 변화에 따라 시설기준이 강화되고, 감염병의 출현이 빈번해질 것으로 예상됨에 따라 이에 대한 전략적 대응책이 필요해서 더 이상 기존의 건물 규모와 한정된 시스템에 머무를 수 없었다. 클린 존과 감염위험 구역 등을 철저히 구분하고, 감염 환자와 일반 환자의 동선이 겹치지 않도록 출입구를 세분화할 계획이다. 각종 음압시설과 공조시설도 구축할 것이다. 새 병원은 단순히 병상 수를 늘리는 외연 확장이 아니라 의료서비스 향상에 초점을 맞춰 환자 중심의 병원이 될 것이다. 첨단 ICT 기반의 진료 시스템과 쾌적한 4인실을 기준 병상으로 해 중부권 최고의 의료서비스를 제공할 것이다.

정밀의료서비스를 필두로 '건강검진'의 개념을 넘어, '건강증진과 예방' 차원의 제반 시스템도 갖출 것이다. 지역 최대의 주차 공간(지하 1,176대, 옥외 1,191대)과 힐링 숲, 옥상정원 등 환자와 내원객들의 힐링 공간도 준비하고 있다.

새 병원 건립을 통해 건양대학교병원이 상급 종합병원으로 진입함은 물론 명실상부한 중부권 최고의 병원으로 도약할 발판을 다지게 될 것이라 나는 확신하고 있다. 이것이야말로 의료인으로서 쌓아온 평생의 경험과 사학재단 설립자로 걸어온 새로운 경험을 총화하는 나의 뜻깊은 결실이 될 것이다.

3.
사학의
새로운 모델을
창출하다

내가 만들고 싶은 대학

보통 도회지에 나가 성공한 사람이 고향에 돌아와서 가장 인정받기 어려운 두 가지 직업이 있다고 한다. 바로 목사와 선생이다. 생각할수록 맞는 말이어서 웃음이 날 지경이다. 코 흘리고 떼깡도 부리던 어릴 적 이력을 죄다 기억하는 사람들에게 뭔가를 지도하고 이끌겠다고 나서는 게 어디 쉬운 일이겠는가?

나 역시 고향에 학교를 세워 졸지에 교육자의 길을 걷긴 했는데, 처음엔 속으로 적잖이 고심했다. 생판 모르는 사람들 앞에서야 완성된 모습만 보일 수 있으니 상관없지만, 고향 사람들이라면 아무래도 다르다. 교육학 전공자도 아닌 내가 이 학교를 통해 고향의 후학들을 제대로 길러낼 수 있을까 하는 두려움도 내심 깊었다.

그럼에도 불구하고 내가 결단을 한 건, 거듭 강조하거니와 고향에 대해 빚진 마음을 어떻게든 갚을 수 있는 기회라 여겼기 때문이다. 배움에 목마른 이들에게 기회를 주고 싶었다. 그 배움을 토대로 자기 꿈을 펼쳐볼 기회 말이다.

지방대라는 한계를 극복하는 것 또한 중요한 목표였다. 누구라도 알아줄 만한 명문대는 아니지만, 충실하게 자기 실력을 향상하여 지역사회의 튼실한 주역으로 세울 수 있다면 그보다 좋은 일은 없을 것 같았다.

할 것인가 말 것인가에 대한 결정은 쉽지 않았다. 고민할 것이 너무나 많았다. 수도권도 아닌 지방 도시, 그마저도 대전이나 청주처럼 어느 정도의 인프라가 형성된 곳도 아닌 시골에 대학을 세운다 하니 다들 말리는 분위기였다. 그런 깡촌에 학교를 세운들 누가 오겠냐는 것이다. 그러나 나의 결심은 확고했다. 역으로 그런 시골지역에 다니고 싶은 괜찮은 학교를 만든다면, 이보다 더 가치 있는 일은 없을 것이라 확신했다.

이미 많은 걸 갖춘 지역에 대학이 들어서는 게 아니라, 대학이 있기에 지역에 활기가 생기고 경제도 일어나는 변화가 가능하다는 걸 보여주고 싶었다. 그렇게 생각을 정리하니 가슴이 먼저 뛰기 시작했다. 이거야말로 죽기 전 한번 몸바쳐 해볼 만한 가치가 충분한 일이었다.

지금 돌이켜 보면, 성공할 수 있다는 자신감보다는 책임감과 사명감이 더 강했던 것 같다. 오래된 신념처럼 간직하고 있던 고향 발전에 대한 의무감에 더해 뭔가 시대에 맞는 교육적 요구에 부응하는 일에 나머지 인생을 다 바쳐도 좋겠다는 생각을 했다.

밤잠을 못 자 가면서 고민을 하고, 부지런히 사람들의 의견을 들으러 다녔다. 그러나 결정을 하고 나서 나는 예의 그 '불도저' 같은 추진력을 발휘하기 시작했다. 그렇게 국내외 대학의 사례들을 바닥부터 연구하면서 내가 만들고 싶은 대학의 뼈대를 하나하나 세워 나가기 시작했다.

평범하지만 자신의 삶을 가꾸며 성실히 노력하는 젊은이들이 꿈과 희망을 키울 수 있는 터전. 서로가 서로를 통해 배우며, 할 수 있다는 자신만의 성공신화를 만들어 가기를 진심으로 바랐다.

이때 나는 이미 멀지 않은 시점에 대학 전반에 닥칠 '생존의 위기'를 예측하고 있었다. 최근 인구절벽의 심각성이 현실을 위협하고 있지만, 이게 어디서 갑자기 튀어나온 문제겠는가? 어지간한 사회과학적 인식만 있어도, 하다못해 통계에 대한 기본적 추이만 읽을 줄 알아도 충분히 예측 가능한 결과들이다. '백년지대계'인 교육의 장을 생각하는 데 있어 필수적으로 고려해야 하는 부분이기도 했다.

나는 '내가 만들고 싶은 대학'의 새로운 상을 이렇게 정했다.

첫 번째는 이미 존재하는 대학과는 '확실한 차별성'이 있어야 한다. 고만고만한 지방대학 하나를 더할 뿐이라면 별 의미가 없다. 자신만의 유일한 가치로 승부하면서 당대의 교육 현실에 의미 있는 하나의 진전을 이뤄낼 대학이 필요했다.

두 번째는 '취업에 강한 실용적 대학'이다. 졸업하면 기업이나 지역 사회에서 즉시 역량을 펼칠 수 있는 인재육성을 기치로 내건 이유다.

세 번째는 '지역과 더불어 성장하는 대학'이다. 지역 주민들이 언제든 와서 전문 지식을 배울 수 있는 평생교육기관이어야 지역에 뿌리를 내릴 수 있다. 그래야 대학이 자기 울타리를 넘어 지역의 성장을 견인

할 것인가 말 것인가에 대한 결정은 쉽지 않았다.
고민할 것이 너무나 많았다. 수도권도 아닌 지방 도시,
그마저도 대전이나 청주처럼 어느 정도의 인프라가 형성된 곳도 아닌
시골에 대학을 세운다 하니 다들 말리는 분위기였다.
그런 깡촌에 학교를 세운들 누가 오겠냐는 것이다.
그러나 나의 결심은 확고했다.
역으로 그런 시골지역에 다니고 싶은 괜찮은 학교를 만든다면,
이보다 더 가치 있는 일은 없을 것이라 확신했다.

학교를 운영하면 할수록 내 주머니가 헐렁해지니,
가끔은 '이렇게까지 해야 하나' 하는 걱정도 자연 든다.
그러나 이 모든 게 다음 세대들의
건강한 성장에 이바지하는 일이라면 나는 기꺼이 감내할 수밖에 없다.
이것조차 기분 좋은 손실로 느껴지는 한,
피할 수 없는 나의 운명이라 여기고 있다.

할 수 있는 시대가 열린다.

네 번째는 '평범한 사람들의 꿈을 키우는 대학'이다. 최고의 엘리트들이 모이는 대학은 이미 많다. 이제는 평범한 보통 시민들의 꿈을 양성하는 대학이 필요했다. 이미 많은 사회학자들이 예언하고 있던 바대로 세상은 특별히 유능한 소수의 시대가 아니라 포용과 봉사정신이 강한 사람을 요구하는 시대로 접어들었다. 성실한 무명들이 많을수록 세상은 더 건강해지는 법. 이 같은 시대적 기대를 담을 수 있는 대학이 필요했다.

내가 만들고 싶은 대학으로 건양대학교를 구체적으로 실현하기 위해, 나는 '건양대학교 명예코드'를 구축하여 모든 구성원들이 생활 속 실천 원리로 삼도록 했다. '명예'란 자신의 생각과 행동이 다른 사람에게 피해를 주지 않는 선에서 자유를 추구하며, 이것이 공동체의 발전에도 기여할 수 있을 때 충족되는 개념이다. 나는 이 명예로움을 지키는 일이야말로 모든 인간이 추구해야 할 궁극적 가치라는 생각에서, 이를 건양대학교가 추구하는 인재상으로 정했다. 이에 따라 건양대학교의 모든 교육행정 및 교과지도는 '인성'과 '창의' 그리고 '취업능력'을 두루 겸비한 명예로운 인재의 육성을 모토로 운영하고 있다.

이것이 내가 생각하는 전인교육의 구체적 방법론이다. 학생들이 교육과정 및 학교생활 전반에 걸쳐 실천 원리로 삼음으로써, 명예코드가 건양인들의 건강한 교육적 전통으로 뿌리내리기를 바라며, 다음과 같은 행동강령을 정했다.

〈명예코드 행동강령〉

정직을 바탕으로 한 도전정신은 건양대학교가 추구하는 최고의 명예이다. 우리 건양인은 건양 명예코드에 서명하여 '나는 할 수 있다'는 자신감으로 교육에 임하고, 민주시민으로서의 삶을 영위하기 위해 아래 행동강령을 준수한다.

하나, 건양인은 정직한 노력으로 승부하고, 남의 지식·희생을
　　　부당하게 취하지 않는다.
하나, 건양인은 끊임없이 도전하며, 유해한 중독으로부터
　　　스스로를 지킨다.
하나, 건양인은 자신감 있는 언행과 용모로 남을 배려하는
　　　긍정적 자세로 생활한다.

건양대학교에서는 지금도 이 명예코드의 기본 강령 아래 세부적인 실천방안까지 마련하여 실행하고 있다. 모두 학교생활 전반에서 안전하고 쾌적한 학습 환경 조성을 목적으로 정한 기준들이다. 이 모든 것을 잘 지켜나갈 때 가장 명예롭고 건강한 대학문화가 완성될 것이라고 생각한다. 물론 가장 중요한 건 학생들의 주체적 참여와 실천적 의지다. 누군가가 정해준 기준이라서 지키는 게 아니라, 학생들 스스로의 판단과 결정으로 실천하는 명예코드가 되기를 나는 진심으로 기대하고 있다.

미래를 예측한 혁신의 새바람

경쟁에서 살아남기를 바라면서, 앞으로의 경쟁이 어떻게 달라질 것인가를 말하지 않는다는 건 무책임한 일이다. 경쟁할 수 있는 숫자 자체가 줄어드는 게 문제인 시대에 대학이 고민해야 할 시점은 현재가 아닌 미래를 향해야 한다.

이런 급격한 전환의 시대에는 학문의 기본 패러다임도 달라질 수밖에 없다. 국가적 차원의 방향 제시도 중요하지만, 대학 스스로가 현 상황을 타개해 나가기 위한 해법을 마련하는 것이 무엇보다 중요하다. 앞에서도 말했지만, 나는 건양대학교의 설립 단계에서부터 세상이 어떤 흐름으로 가고 있는지를 정확히 읽고 그에 따른 방향을 설정하고자 최대한 고심했다.

지방대학의 위기가 현실로 닥친 지금 건양대학교는 다행히 설립 당시부터 그 기반을 견고히 다져온 덕분에 상대적 안정을 유지하고 있는 중이다. 취업을 중시하면서 교육적 시스템을 짜왔던 노력으로 학생들의 만족도도 높은 편이다. 건양인으로 들어온 이상 끝까지 책임지겠다는 약속이 높은 취업률로써 성취되고 있기 때문이다.

'창의융합대학'의 개념을 도입한 것은 바로 그 같은 목표를 실현하기 위해 무엇이 필요한가에 대한 나름의 결론이었다. 일찍이 건양대학교는 교육부의 2단계 산학협력 선도대학(LINC) 사업, 2014년 학부교육 선도대학(ACE) 육성 사업, 대학 특성화(CK) 사업에 이어 2016년 산업연계 교육 활성화 선도대학(PRIME) 사업을 통해, 사회에서 수요가 있는 학과를 신설하고 꾸준히 증원했다. 학생들이 졸업 후 진출할 사회가 무엇을 요구하는지를 정확히 알고 이에 대응하자는 것이 핵심이었다. 심각한 취업난도 문제지만, 사회에 나가 바로 써먹을 수 없는 대학교육의 미스매치를 해소하는 문제 또한 학생들의 경쟁력 강화에 중요한 요소였기 때문이다.

물론 기존의 학과를 통폐합하는 과정에서 안팎의 저항도 만만치 않았다. 그러나 나는 학교 설립자이자 총장으로서 학과들의 융합을 가장 중요한 전략 목표로서 강하게 밀어붙였다. 어차피 모든 혁신에는 갈등도 있고 상처도 따른다. 그 갈등과 고통을 최소화하는 일은 전혀 별개의 일이다.

창의융합대학 설립으로 건양대학교 내에는 새로운 바람이 불기 시작했다. 초기에 개설한 학과는 '융합IT학과'와 '의약바이오학과', '융합디자인학과', '글로벌프론티어학과' 등 4개 학과이다. 개별 학과로 구별 짓긴 하지만 모든 학과들간의 자유로운 결합과 협력의 가능성을 열어 놓았다. 가령 IT와 디자인에 '융합'을 붙여 새로운 시너지를 창출하고, 그밖에 다른 상이한 학과와의 융합도 필요에 따라 얼마든지 자유롭게 결합할 가능성을 열어 두었다.

이러한 실험은 놀라울 만한 성과를 거두며 '융합'의 위력을 증명해냈다. 건양대학교는 '2017년 IF 디자인 어워드 골드(대상)'를 수상했다. 이 상을 대한민국의 지방 사립대 학생들이 받았다는 건 상당히 큰 의미가 있다. 보통 학생들이 지원하는 'IF Student Award 분야'가 아닌 애플, 삼성, 소니, LG 등과 같은 글로벌 기업 실무디자인 전문가들이 출품하는 'Professional Concept Award 분야'에서 수상한 것이기 때문이다. 이후 2018년에는 세계 3대 디자인 공모전 중 하나인 '레드닷(Red Dot) 디자인 어워드' 본상 수상의 영예를 안았고, 2019년에도 본상을 수상했다. 여기에 미국에서 두 번째로 규모가 큰 공모전인 '스파크(SPARK) 디자인 어워드' 본상까지 더했다. 오랜 역사와 전통을 자랑하는 대학에서도 하지 못한 걸 설립 5년밖에 안 된 건양대학교 융합디자인학과가 국내 대학 최초로 이뤄낸 성과였다. 창의융합대학의 저력을 상징적으로 보여주는 일이었다.

글로벌프론티어학과도 기존에 없던 새로운 학과다. 여기선 해외시장 개척과 글로벌 마케팅 등 대외 통상 분야의 전문가 양성을 목표로 삼고 있다. 의약바이오학과는 여전히 취약한 국내 바이오산업을 육성하겠다는 국가 전략에 부응하여 김안과병원 및 건양대학교병원의 의학적 기반을 활용한, 새로운 영역의 창출을 위해 시작했다. 우리가 갖고 있는 강점을 최대한 결합시켜 낼 수 있다면 성공 가능성도 매우 높다고 판단했다.

이들 학과에서는 각 기업들이 요청한 인재 수준에 맞는 커리큘럼을 완수해 취업을 예약하는 '예약학과' 시스템을 만들고 있다. 또 현재 이 학과들은 창의융합대학을 확대하여 만든 PRIME창의융합대학에 속하여 1년 10학기제, 프로젝트식 수업을 진행하고 있다.

일반 산업분야의 범용 인재 양성에서 특정 산업분야의 전문 인재 양성이라는 목표로의 전환은 매우 중요한 의미를 갖는다. 우리는 기업이 요구하는 인재상과 필요역량의 기준을 정하고 대학교수와 기업 현직 실무진이 함께 교육에 참여토록 했다. 이렇게 되면 특정 분야, 특정 역량의 인재를 필요로 하는 기업들이 모여 대학에 주문식 교육과정을 요구하고, 대학과 협력하여 교육과정을 함께 운영함으로써 기업 맞춤형 인재를 육성할 수가 있다. 건양대학교 창의융합대학은 바로 이러한 가능성에 정확히 부합하는 운영시스템을 갖춘 것이다.

너 나 할 것 없이 4차산업혁명을 이야기하고 있는 시대다. 산업 환경과 직업 환경이 다 변하고 있다. 그에 맞춰 대학도 변화의 틀을 새로이

짜야 한다. 교수들도 기존의 틀에 안주하지 않고 창의적인 교육 프로그램을 새로이 구축해 낼 수 있는 역량을 갖춰야 하고 그런 마음으로 전환해야 한다.

　나는 일찍이 건양대학교 운영의 기본 방향으로서 대전 캠퍼스와 논산 캠퍼스를 두 개의 다른 트랙으로 설정하고 있었다. 대전 캠퍼스는 메디컬 대학으로 특성화하고, 논산 캠퍼스는 국방을 중심으로 하는 산학연합을 구상하고 있다. 이러한 방향은 오래전부터 기본적인 뼈대를 세우고 있었던 것이지만, 이제부터는 학교의 미래전략으로 더 확고하게 추진해 나가야 하리라고 본다.

　건양대학교 의료공과대학도 의학과 공학을 융합한 새로운 영역으로서 다른 대학과는 차별화되는 내용과 형태로 운영되고 있다. 2011년 새롭게 개편된 의료공과대학은 '취업명품 인재 양성'이라는 슬로건처럼, 현실의 의료산업계에서 요구하는 엔지니어 양성이 목표다. 뛰어난 전공실력과 함께 다양한 소프트 스킬을 연마하는 등 공학교육인증프로그램(ABEEK) 획득을 위한 밀도 높은 교육을 진행하고 있다. 특히 의료공과대학을 건양대학교병원이 있는 대전 캠퍼스에 위치하도록 함으로써 공학과 의학의 유기적인 융합 효과를 극대화하도록 했다.

　논산은 산업의 관점에서 볼 때 여러모로 취약한 지역이다. 산업발전의 토대가 될 인프라 구축도 미비하다. 대신 군과 관련해서는 전국 어디에서도 볼 수 없는 확고한 특징을 갖춘 곳이다. 이러한 장점을 최대한 살릴 수 있다면, 향후 논산이라는 지역이 국내 최대의 국방산업단지로 자리매김해 나갈 수 있으리라고 본다.

건양대학교는 앞으로도 이러한 내용을 산학협력의 핵심 축으로 하여 발전해 나가고자 한다. 지역 내의 인적 네트워크와 학문적 교류를 활발히 하면서 국방산업의 인프라를 형성하는 데 대학이 할 수 있는 역할을 최대한 발휘해 나간다면 충분히 경쟁력이 있다고 생각한다.

현재 발 딛고 선 자리를 제대로 보고 미래의 방향을 가늠하며 걸어온 길. 그 거침없는 도전의 결과로 얻은 열매가 적지 않다. 건양대학교가 '가장 잘 가르치는 10대 대학'에 선정된 순간은 그야말로 세상을 다 가진 것 같은 기분이었다. '가장 잘 가르치는'이라는 말은 대학이 받을 수 있는 최고의 찬사다. 지방에 있는 대학, 역사도 짧은 대학교에서 그런 평가를 받았다는 것은 놀라운 결과였다. 나는 그 '가장 잘 가르치는 대학협의회'의 회장이 되어 건양대학교에서 시도했던 경험들을 타 대학의 총장과 나눌 수 있는 기회도 가졌다.

전국 최초로 교육부 선정 7대 프로젝트의 지원금을 모두 다 받게 된 성과도 잊을 수 없다. 지방대 특성화 사업(CK-1)과 산학협력선도대학(LINC), 학부교육선도대학(ACE) 사업 등 7개 분야를 모두 석권한 경우는 우리 건양대학교가 유일했다.

건양대학교의 혁신적 운영사례를 연구하겠다며 전국 70여 개 대학에서 벤치마킹을 하러 올 때도 어깨가 으쓱했던 순간이다. 오랜 역사와 전통을 가진 명문대학도 아닌 지방 사립대학이 동시대 사학운영의 모범으로 우뚝 선 것이니 자부심을 가져도 좋을 일이었다.

독특한 장학금 운영으로 학교 안에 신선한 바람을 일으켰던 것도, 내가 기억하는 '잘한 일'의 하나로 꼽을 수 있겠다. 나는 금연장학금, 비만장학금, 성적발전 장학금 등을 만들어 학생들에게 좋은 호응을 얻었다. 늘 1등 하는 사람에게만 주어지는 혜택이 아니라, 스스로 노력하는 사람에 대한 따뜻한 지지와 응원의 메시지가 되었으리라 생각한다.

이 모든 일들이 건양대학교만의 '유일함'을 만들어가는 과정이었다. 그 노력의 결과로 학생들에게 새로운 기회의 장을 열어 주고 할 수 있다는 자신감을 심어주었다면, 학교를 세우며 다짐했던 나의 목표는 어느 정도 달성한 것이라 생각한다.

취업명문대학, 그 꿈을 이룬 비결

모두가 서울대만 꿈꾸는 나라는 정상이 아니다. 일류대학을 나와야만 성공한 삶이라는 통념도 하루 속히 깨뜨려야 할 허상이라고 생각한다. 건양대학교를 설립하면서 나는 서울에 있는 일류대학은 아니지만, 보통의 평범한 사람들이 각자의 꿈을 키우고 실현할 수 있는 대학이 어떻게 가능한지를 구현해 보고자 했다.

누군가는 이런 나의 도전을 일러 '뭘 잘 모르는 비전공자의 공상' 쯤으로 폄훼하기도 했겠지만, 그들의 생각일 뿐이다. 소신이 분명하고 목표가 정해졌다면, 그 다음은 뚜벅뚜벅 걸어가면 될 일이다. 게다가 나이 육십에 시작한 일이니, 나는 발길이 항상 급했다.

의사였던 내가 교육 사업에 뛰어들었던 것도 특이한 일이었지만, 나는 하는 일마다 튀는 일 일색이었던 '이단적' 행보로도 유명했다. 교육학을 전공한 사람들처럼 전형성에 갇히지 않은 것이 오히려 강점으로 작용한 측면도 있었다. 어쨌거나 나는 통념을 깨고 '내 멋대로' 해보는 많은 도전을 감행했다.

　보기에 따라선 '이상한 짓'도 참 많이 했다. 학과 구성이나 수업 방식도 자유롭게 다양한 시도를 허용함으로써 새로운 길을 만들어 나간 것도 밖에서 보기엔 이상하기 짝이 없는 짓이었을 것이다.
　나는 진심으로 좋은 대학에 대한 천편일률적 생각에 경종을 울리고, '다른 길도 있다'는 걸 보여 주고 싶은 욕심이 있었다. 좋은 대학과 나쁜 대학, '인 서울'과 '지잡대'로 구분되는 편견을 한 번쯤은 깨뜨리고 싶었다.
　건양대학교는 2004년 전국 4년제 대학 중 가장 먼저 학생 취업 교육 전용 건물인 '취업매직센터'를 열었다. 취업·진로 상담실, 모의 면접실, 어학실습실, 멀티미디어 강의실 등을 갖추고 1년 내내 취업 실기 교육과 특강을 진행한다. 2006학년도 1학기에 개설된 매직 프로그램을 살펴보면 '비즈니스 영어', '취업 영어문법', '한자능력 검정시험 3급 대비반', '공무원시험 대비 국어강좌', '창의적 공학 설계를 위한 사고 방법 및 실습', '언어치료교육 전문가과정', '실내건축기사 자격증 대비 실기연습', '회계원리연습', '특수아동 미술치료', '관광종사원 자격시험 과정', '풍선공예 지도자 2급 과정' 등 총 27개 과정이다. 대학생들이 취업을 위해 사설 기관에서 과외수업을 받고 있는 강좌들이 대부분이다. 각 과정마다 담당교수가 정해져 있고, 대체로 방과 후에 수업이 진행된다. 심지어 4층에 숙박시설까지 두어 밤낮으로 집중적인 훈련을 할 수 있는 여건을 만들어 주었다.

이쯤 되니 '취업에 목을 맨 대학'이라는 말까지 나왔다. 하지만 대졸 실업자 문제가 이렇게 심각한 판국에 '취업에 목을 매는 일'이 어째서 욕먹을 일인지 나는 지금이라도 한번 물어보고 싶은 마음이 든다. 어쨌거나 건양대학교는 전국 최강의 취업명문으로 우뚝 섬으로써 그런 비아냥을 잠재울 수 있었다.

취업을 중요한 대학의 사명으로 삼았으니 당연히 일반적인 대학의 학과들과는 구성이 다르다. 졸업 후 바로 취업으로 연계가 수월한 학과들을 다수 개설했다. 예컨대 안경광학, 작업치료, 소방안전과 관련된 학과들이다. 이걸 보고는 또 '대학이 직업학교냐'는 비웃음이 들렸다. 그러든지 말든지, 이런 학과를 통해 배출된 학생들이 지역사회에 진출해 일으키는 활기찬 변화를 보고나 얘기하자며 웃었을 뿐이다. 국가안경사 시험에서 수석을 차지하는 사람은 여지없이 건양대학교 출신이요, 보건의료계열 국가시험에서 수석 합격자를 연속으로 배출한 것도 우리 건양대학교였다.

동아리 활동도 취업준비의 연장선상에 있도록 했다. 공연미디어학부엔 드라마, 영화 이벤트, 문예창작, 광고 분야의 연구동아리를, 세무학과엔 세무사·공인회계사반을, 경찰행정학과에는 경찰공무원반을 만들어 활동하게 했다. 이런 동아리들의 활성화를 위해 대학 측에서 매년 예산을 책정해 지원하기까지 했다. 취업할 때 가장 기본적인 요건으로 간주되는 토익과 컴퓨터 관련 자격시험 대비는 1, 2학년 정규 과목으로 만들어 버렸는데, 사회에서 바로 써먹을 수 있는 교육도 좋지만 좀 지나친 거 아니냐는 의견도 있었다. 그래도 일단은 밀어붙였다. 해보고, 결과를 보며 다시 판단하면 될 일이었다.

또한 타 대학에 비해 특이해 보이는 장학제도도 이런 '공부하는 법 가르치기'를 위한 하나의 수단이다. 토익을 비롯한 외국어 시험에서 일정 수준 이상의 성적을 거두거나 자격증을 따면 포인트를 주는데, 포인트 1점당 1만 원의 가치를 지닌다. 예를 들어 토익 800점 이상, HSK(중국어) 8급 이상, JPT(일본어) 1급 이상을 획득하면 50포인트, IT자격증을 따면 15포인트가 적립된다. 취업 매직프로그램을 듣고, 사회 봉사활동을 해도 포인트가 적립된다. 이렇게 누적 포인트가 20점을 넘으면 장학금으로 돌려받을 수 있도록 한 것이다.

재난에 가까운 청년실업 시대에 대학이 할 수 있는 것은 무엇인가에 대해 '말이 아닌 결과로서 보여준 것'이라 생각한다. 이미 세상은 숨 가쁘게 진화하며 새로운 직업의 영역이 분화되어 가고 있는데, 현실에서 요구하는 다양한 역할에 답해 줄 수 없는 교육이라면 더 이상 지속 가능할 필요가 없는 법이다.

건양대학교에서 시행한 새로운 시도 가운데 내가 가장 성공적이라 생각하는 것 가운데 하나는 '동기유발학기제'다. 건양대학교에 입학한 모든 신입생들이 반드시 거쳐야 하는 통과의례이기도 한 이 프로그램은 '3일간의 자아발견 프로그램', '미래직장 방문', '멘토를 찾아서'

등의 내용으로 구성된다. 이 중 '3일간의 자아발견'은 학생들에게 '할 수 있다'는 자신감과 올바른 인성을 함양하는 것을 목표로 진행하는, 동기유발학기제의 핵심 프로그램이다.

이 동기유발학기제는 나의 제안으로 처음 시작한 것이라 특히 관심을 가지고 챙겨보며 해마다 조금씩 발전시켜 나갔다. 결과는 대만족이다. 무엇보다 학생들의 반응이 폭발적이었다. 전공에 대한 이해도도 높아졌고, 졸업 후 진로에 대해서도 자신감을 얻었다는 후기가 넘쳐난다.

나는 이 동기유발학기를 통해 극적인 변화를 보인 학생들을 수없이 목격할 수 있었다. 입학은 했으나 자신의 전공과 졸업 후 전망에 대한 특별한 확신도 없이 들어왔거나, 수도권 대학에 갈 만큼의 성적이 안 됐다는 자괴감에 빠져 있는 것이 초기 학생들의 보편적 모습이었다. 자존감도 대개 바닥 수준인 경우가 많았다. 그 상태에서 시작하는 대학 생활은 실패를 정해놓고 가는 것이나 마찬가지다. 그래서 나는 새로운 인생의 출발선 앞에 선 이들에게 실현 가능한 미래의 희망을 보여주고 싶었다.

유독 기억나는 학생이 하나 있다. 관광학과 신입생으로서 스스로를 '특별한 것이 없는 사람'으로 소개하던 학생이다. 초반에 조별 발표에서조차 유난히 소극적이던 이 학생이 프로그램 종료 후에는 완전히 달라져 있었다. 그는 자신이 왜 이 학교에 들어왔는지, 열정을 다해 도전해 보고 싶은 일이 무엇인지에 대한 명확한 목표의식이 생겼다며 확신

모두가 서울대만 꿈꾸는 나라는 정상이 아니다.
일류대학을 나와야만 성공한 삶이라는 통념도
하루 속히 깨뜨려야 할 허상이라고 생각한다.
건양대학교를 설립하면서 나는 서울에 있는 일류대학은 아니지만,
보통의 평범한 사람들이
각자의 꿈을 키우고 실현할 수 있는 대학이
어떻게 가능한지를 구현해 보고자 했다.

에 찬 얼굴로 발표를 했다. 이후 그 학생은 유학을 가서 공부를 마친 후 현재 교수가 되어 활동 중이라는 소식을 들었다.

이런 사례를 볼 때마다 나는 가슴이 뜨거워진다. 힘든 줄도 모르고 캠퍼스를 누비며 학생들을 만나고 내가 해줄 수 있는 게 뭐가 있을까를 찾게 만드는 동력이다. 교육의 힘이란 이런 것임을 새삼 절감하며 보람을 느끼게 된다.

사실 이 동기유발학기제의 진짜 힘은 학생들에게 '네 꿈은 무엇이냐?'라는 물음을 던져 주는 데 있다고 생각한다. 대학생활의 동기부여를 통한 '길 찾기'의 시작이다. 그 답을 찾기 위한 구체적인 로드맵을 그리도록 하고, 도전해 볼 용기와 할 수 있다는 자신감을 가질 수 있도록 돕는 일이다.

대학생활을 시작하는 시점에서 나는 누구이며, 무엇을 할 것인가에 대한 물음을 던져 본다는 건 자기 인생에 대한 진지한 성찰과 모색의 계기로 작용하게 된다. 내가 이 동기유발학기제를 시작한 이유다.

고맙게도 대부분의 학생들은 스스로 처한 한계를 딛고 일어서며 보란 듯이 성장해 나갔다. 내딛는 첫발에서부터 희망과 포부가 살아나고 있는 걸 보면서 나는 확신할 수 있었다. 이 정도만 거들어도 전혀 다른 대학생활을 시작할 수 있는 학생들이라는 것을 말이다.

그밖에도 건양대학교에 혁신의 새바람을 일으킨 다양한 시도들이 있다. 취업 특성화와 역량 극대화를 위한 UMD(Unique Mosaic Department) 학사조직도 도입했다. '유일학과 특성화 교육'이라고도 불리는 이 제도는 건양대학교만이 갖고 있는 교육의 특징으로서 널리 알려져 있다.

'교수현장학기제 및 전문기업인 교수제'도 있다. 교수현장학기제는 졸업생이 직면하게 되는 직무 현장과 대학교육 현장의 불일치를 해소하기 위한 것으로, 교수도 일정기간 직업현장에 파견돼 새로운 기술 및 산업동향을 습득할 수 있도록 했다. 또 역으로 현장에서 활동하는 전문가를 강의실로 초대하여 학생들에게 산업현장의 생생한 경험을 전해줄 수 있도록 했다. '교수를 현장으로, 현장 전문가를 강의실로' 오가게 한 결과 학생들은 현장과 실시간으로 소통하면서 실무교육을 익힐 수 있었다.

'전체 교수 강의 공개 및 강의 평가 결과 공개', '우수 교원 정년 연장제'도 도입했다. 이건 학생들에게 제공되는 교육서비스의 질을 높이기 위한 특단의 대책이기도 했다. 처음 이런 제도를 도입할 때는 교수들의 저항도 적지 않았다. 교수들 입장에서는 불편한 제도다. 반길 이유가 없다. 그러나 학생을 중심으로 생각할 때 반드시 필요하다고 생각했다. 너무 '오버하는 거 아닌가' 하는 시각도 있었지만, 최근에는 이를 도입하는 대학이 점점 늘어나는 추세다. 별로 놀라울 일도 아닌 것이, 건양대학교에서 내가 한 걸음 앞서 시작했을 뿐, 이미 선진국가에서는 보편적으로 시행하고 있는 제도다.

장학금을 지급하는 데 있어서도 건양대학교만의 독특함이 있다. 따지고 보면 취업과 연관된 준비의 의미도 있다. 무조건 공부를 잘 하는 학생에게 주는 장학금이 아니라, '나름의 성취'에 대한 지지의 의미로 장학금이 지급될 수도 있다는 걸 보여주고자 했다. 낙제를 겨우 면하던 학생이 조금 노력해서 성적을 올렸을 때, 비만인 학생이 목표를 정해 꾸준히 노력한 결과 체중감량을 성공해도, 또 금연에 성공을 해도 건양대학교에서는 장학금 지급 대상이 된다. 금연장학금은 학생들의 건강을 지켜주기 위해 생각해 낸 아이디어였다. 아마 이런 장학금은 대한민국에 유일했을 것이다. 1등만 행복한 세상이 아니라, 스스로를 향상해가는 노력에 대한 찬사와 응원의 의미를 담고자 했다.

건양대학교가 추구하는 또 하나의 중요한 혁신은 '지방 인재를 글로벌 인재로 육성'하는 일이다. 지방대학 혁신의 길은 학문도 취업도 비좁은 국내 무대를 넘어, 세계를 향해 진출할 수 있어야 한다고 나는 강조해 왔다.

2004년 이후 건양대학교는 매년 200명을 선발해 무료 해외연수를 진행했다. 처음에는 중국으로, 이후 일본 등의 국가로 확대해갔다. 2009년에는 싱가포르, 중국, 일본 등지에 300명의 학생들을 해외 인턴십 과정으로 내보냈다. 단일대학으로는 아마도 당시 국내 최대 규모였을 것이다. 학생들에게 외국어 습득 기회와 해외경험을 제공하여 이후 해외취업의 기회를 열어보고자 하는 취지로 시작한 일이다.

건양대학교가 지방대학이라는 한계에 갇히지 않고 지역적 특색을 살려 자기만의 경쟁력으로 만든 분야가 또 하나 있다. 바로 군사 분야다.

논산이 어떤 곳인지 잘 모르는 사람이라도 '육군훈련소가 있는 곳'이라면 대번에 알아듣는다. 대한민국의 모든 젊은이와 그 부모들에게 대부분 '우울하고 짠한 추억'으로 간직되고 있을 이 논산의 특수성을 대학의 장점으로 뒤바꿔 놓을 수 있다면 대학에도, 지역에도 엄청난 도약의 기회가 된다.

전국 최고의 군사 인프라를 가진 지역인 논산의 특성을 간과한 채 혁신을 얘기할 수는 없는 일이었다. 3군 본부가 위치한 계룡대와 육군 신병을 양성하는 신병훈련소, 육군 항공대의 비행 전술과 각종 기술을 가르치는 육군항공학교, 육군 부사관을 양성하는 육군부사관학교가 모두 논산지역, 건양대학교 지척에 있다.

나는 논산이 가진 이 전국 유일의 환경을 대학 특성화의 승부처로 삼고자 했다. 꾸준히 군 관련자들을 만나 머리를 맞대며 상호 협력과 상생 방안을 모색했고, 그 결과 2001년 육군훈련소 캠퍼스 개소식을 계기로 육군훈련소와 학군협약을 체결하는 데 성공했다. 이후 육군본부, 공군본부, 해군본부 등과도 협약을 맺어 국방 분야 특성화대학으로의 경험과 역량을 차분히 쌓아 나갔다.

2005년은 건양대학교가 국방 관련 특성화를 향한 본격적인 행보에 나선 시점이다. 그해 12월 건양대학교는 충남 계룡시 3군 본부 앞에 '건양대학교 계룡대 학습관'을 지어 개관했다. 지상 3층, 지하 1층 규모의 이 건물을 국방관리대학원으로 활용했는데, 현재 예비전력학과, 군사학과, 국방공무원정책학과 등 국방 관련 분야 석사학위과정을 운영 중이다. 또 육군본부와 협력해 예비군 교육과 제대 군인 취업 교육 등의 프로그램을 연중 실시하고 있다. 계룡대 학습관에는 이 외에도 예비전력연구소, 미래국방교육연구소, 미래병영문화연구소 등이 입주하여 이 분야 연구의 메카로서 자리매김하고 있다.

건양대학교는 국방 관련 특성화 노력에 박차를 가해 2009년 국방공무원학과를 전국 최초로 개설했다. 나아가 2011년에는 단과대학인 군사경찰대학으로 독립하기에 이르렀다. 이로써 군과 대학 간 시너지를 기대할 수 있는 중요한 교두보를 확보한 것이다.

교육은 특히 시대의 변화에 가장 능동적으로 대응해야 하는 영역이다. 현재 전 세계적으로 4차 산업혁명시대에 주도권을 선점하기 위한 치열한 경쟁이 진행 중이다. 아울러 점점 가속화되고 있는 지능정보사회에서 평생교육과 재교육의 필요성이 절박하게 대두되고 있다. 따라서 21세기는 첨단 정보·통신매체를 활용한 원격교육을 통해 더 다양한 교육의 기회가 열리고 있다.

건양대학교 역시 이에 부응하고자 2012년 3월 건양사이버대학교를 개교했다. 건양대학교가 이룩한 긍정적 평판에 힘입어 건양사이버대학교는 개교 첫해부터 기대 이상의 인기를 끌었다. 2개 학부 6개 학과, 990명 모집에 605명이 지원함으로써 67.2%에 달하는 충원율을 기록했다. 사이버대학의 개교 년도 통상적인 충원율이 50%를 밑도는 상황에서 의미 있는 출발이었다. 4년 후인 2016년에는 충원율 100%를 달성했고, 2019년에는 1.3대 1의 경쟁률을 기록하기에 이르렀다.

건양사이버대학교 역시 다양한 국고 사업에 연속해서 선정되는 쾌거를 달성하고 있다. 2016년 ACU 아세안대학 이러닝 지원사업(교육부·KERIS) 선정을 시작으로, 2020년 현재까지 성인학습자 역량 강화 교육콘텐츠 개발 사업(교육부·KERIS), 성인학습자 직업·직무 역량 강화 사업(교육부·KERIS) 등 여러 사업에 선정되어 지속적인 성과를 이어가고 있다. 또한 국내 최초로 캄보디아 국제교육개발협력사업인 ODA 사업 수행기관인 영프로페셔널(YP) 사업(KOICA)에 진출하는 사이버대학이 되었다. 2020년에는 여성가족부에서 진행하는 북한 이탈 여성 동료상담원 양성교육 사업수행기관으로 선정되었으며, 최근에는 대학정보공시 운영협력대학(한국대학교육협의회)으로도 선정되었다. 이것은 전국 어느 사이버대학에서도 볼 수 없는 대단한 성과다.

이러한 건양사이버대학교의 눈부신 성장의 비결은 건양대학교의 성장 과정을 통해 축적된 교육철학과 정책을 적용한 결과라고 할 수 있다. 다른 대학에 비해 출발은 다소 늦었지만 2020년 4월, 한국기업평판연구소에 의하면 21개 사이버대학 중 11위를 기록하고 있다. 이 또한 건양대학교가 지방 명문대학으로서 압축적인 성장을 거듭해온 것과 같은 맥락이다. '학생 중심', '가르치면 책임진다'는 교육 모토는 사이버대학이라고 다를 것이 없다.

　이 모든 계획을 현실적으로 떠받쳐 주는 건 결국 돈이다. 이런 제도의 실행은 건양대학교의 강점인 '건강하고 탄탄한 재정구조' 덕분에 가능했다. 건양대학교는 학교 전체 예산에서 차지하는 등록금의 비중이 낮은 반면(50%), 재단의 기여가 큰 편이다. 인건비 등 일반경비 인상 같은 최소 부분만 등록금에 반영하고, 그것조차 학생들과 협의하기 때문에 그 흔한 학내분쟁도 없다.

　현재와 같은 사학의 존재 기반하에서 나름의 소신과 철학을 가지고 다양한 교육적 시도를 해보려면 상당한 재정적 뒷받침이 필요하다. 설립자의 절대적인 희생과 손실이 전제되는 일이다. 다양한 성격과 특성을 가진 사학들이 전국에 수없이 존재함에도, 자신들만의 고유한 설립정신을 실현해 가는 차별화된 운영이 불가능한 건 바로 이러한 사정 때문이다.

　학교를 운영하면 할수록 내 주머니가 헐렁해지니, 가끔은 '이렇게까지 해야 하나' 하는 걱정도 자연 든다. 그러나 이 모든 게 다음 세대들의 건강한 성장에 이바지하는 일이라면 나는 기꺼이 감내할 수밖에 없다. 나는 남은 날까지 이 길을 계속 걸을 것이다. 손주가 공부 좀 하겠다는데, 할애비가 돼서 뭔들 못해 줄까 하는 마음, 그저 그것뿐이다. 이것조차 기분 좋은 손실로 느껴지는 한, 피할 수 없는 나의 운명이라 여기고 있다.

20대와 80대, 서로 다른 청춘 문법

평소 나의 일하는 스타일에 대해 가까운 지인들은 '불도저 같다' 는 말을 주로 한다. 한번 결정을 하면 신속하고 과감하게 밀어붙여 반드시 목표에 도달하기 때문이다.

타고난 급한 성격 탓도 있을 것이다. 내가 무언가를 지시했다면 대개는 이미 내 머릿속에서 시뮬레이션이 다 된 상태다. 상대방은 이제 처음 들었을 뿐이지만 나는 확실한 결과를 재촉하며 늘 다그칠 수밖에 없다. 이미 몇 걸음 앞서 있는 나와, 겨우 따라가는 실무자의 괴리는 그래서 생긴다.

이런 나의 스타일에는 양면성이 있다. 완성도 높은 성과를 내기도 했지만, 때때로 저항과 반발에 부딪쳐야 했다. 육영사업을 시작할 것인가 말 것인가를 결정한 후 과감하게 밀어붙였던 것은 그나마 성공적이었다고 본다. 심사숙고의 과정이 이미 전제된 것이지만, 과감한 결단과 뚝심 있는 실행이 병행되지 않았다면 지지부진하다 멈췄을지도 모른다.

반면 내부 구성원들과의 섬세한 소통에는 그러한 나의 성격이 다소 걸림돌이 된 적도 많았음을 고백해야겠다. 충분한 공감의 과정이 결여된 채 무작정 밀어붙이는 경우가 종종 있었기 때문이다.

이른바 '실내화 신기 캠페인'이 대표적일 것 같다. 학교를 순찰하다 보면 복도에서 걸을 때 떠들거나 여학생들의 또각거리는 하이힐 소리가 거슬렸다. 학습 분위기를 흐릴 뿐 아니라 학생들의 안전과 발 건강에도 나쁜 영향을 미칠 것이 걱정되었다.

문제를 본 이상 그냥 넘어갈 내가 아니다. 나는 곧바로 '실내화 신기 캠페인'을 시작했다. 현관 입구를 지키고 서서 구두 신은 학생들에게 실내화를 신게 하는 방식이었다. 결론부터 말하자면 '대실패'였다. 총학생회 차원에서 문제제기가 들어오고 나는 적잖이 당황했다. 여학생들의 불만과 반발이 그 정도일 줄을 미처 예상하지 못한 탓이다.

학생들의 이야기를 들어보니 '일방성'이 가장 문제였다. 학교의 면학분위기 조성도 중요하지만, 학생들에게 더 중요한 건 그런 게 아니었다. 한창 멋 부리고 싶은 스무 살의 마음과 세대적 특성을 전혀 고려하지 않은 결정을 그들은 무조건 수용할 수 없었던 것이다.

가만 듣고 보니 맞는 말이었다. 마음껏 젊음과 개성을 발산하고픈 마음을 헤아리지 못한 것에 대한 미안한 마음이 들기도 했다. 내가 한 일은 오래전 군국주의와 군사정권 시절에나 통했던 방식이었다. 그걸 21세기의 청춘들에게 강요한 것이니, 이래서 꼰대 소리를 듣는 것이구나 싶었다.

사실 이 캠페인은 그렇게 즉흥적 발상으로 시작한 건 아니었다. 일전에 동경 세이토쿠 대학을 방문했을 때의 일을 참고로 지시했던 일이다. 학교 분위기가 매우 정숙했던 게 인상적이어서 물었더니 실내 소음을 줄이기 위해 실내화 신기를 실천하고 있다는 얘기를 들었다. 서로를 배려하고 존중하는 문화라 생각했다.

어쨌거나 나는 학생들의 이야기를 경청한 후 그 캠페인을 즉각 철회했다. 실패는 했지만 그 소동을 통해 양자 모두 얻은 것도 있으리라 생각한다. 왜 그런 조치가 필요했는가에 대하여 상호 생각을 환기해 보는 기회는 되었을 것이기 때문이다. 자유롭게 캠퍼스를 활보하는 하이힐의 청춘들이 건물 안으로 들어설 때, 조금이나마 타인을 생각하고 조심스럽게 행동하도록 노력하는 것만으로도 의미 있는 변화라고 생각한다.

이런 비슷한 일은 이후로도 몇 차례 더 있었다. 아무래도 나와는 세대 차이가 많이 나는 학생들이니 감수성과 소통 방식에 상당한 차이가 있는 건 당연한 일이다. 그럴 때마다 내게 '특별과외'를 해 주는 선생들이 있다. 바로 나의 딸들이다. 아비의 옛날식 훈육법에 대해 누구보다 잘 알고 있는 딸들은 어떤 점에서 요즘 세대들과 충돌하게 되는지, 부모 세대에게 '옳은 말씀'이라고 자식 세대까지 당연하게 따르기를 지시하는 태도가 왜 문제인지를 조목조목 설명해 주었다. 가족의 특권을 십분 이용하여 그들은 좀 더 구체적이고, 때로 가차 없는 방식으로 나의 생각을 수정해 주곤 했다. 고지식한 아비가 한 번에 수긍을 못할 때면 재차 삼차 다시 반복해 주기도 했으니, 참으로 고마운 나의 선생들이다.

"아버지는 그래도 완전히 막힌 분은 아니라 다행이지 뭐예요? 어떤 건 다섯 번쯤은 말씀을 드려야 하지만, 정말 타당하다고 여기실 땐 결국 마음을 바꿔서 인정을 하시잖아요. 하하하, 그게 어디예요?"

칭찬인지 핀잔인지 애매한 말이지만, 아마 '가르친 보람은 있다'는 취지인 걸로 이해해도 좋을 것 같다.

그들의 답답함을 나도 모르지는 않는다. 어쩔 수 없는 구시대 사람인 내가 세상만사에 대한 인식과 태도를 근본적으로 바꾸는 건 아마도 불가능할 것이다. 그러면서도 딸들의 코치에 애써 따라는 가고 있었으니, 나도 꽤 노력했다는 걸 알아주길 바랄 뿐이다.

비슷한 일들은 또 있었다. 지나치게 짧은 미니스커트와 다 떨어진 청바지가 나는 항상 못마땅했다. 잔소리를 한들 소용이 있을까 싶었지만, 어느 날 교정에서 나는 그 '넝마 같은 청바지'의 주인공을 불러 세웠다.

"학생도 참~ 어쩌다 그렇게 다 헤진 바지를 입고 학교에 왔나? 내가 새 청바지 하나 사 줄게."

얼떨결에 총장이 사준 새 바지를 받고 그 학생이 무슨 생각을 했을지는 알 수 없다. 나는 내 입장에서 해야 할 말을 그런 방식으로 전했을 뿐이다. 그 학생이 다시는 찢어진 청바지를 안 입었을 거라고는 생각하지 않지만, 뭔가 다르게 볼 생각의 실마리 정도는 전해졌기를 바랐다.

면학분위기 조성을 목적으로 벌인 또 하나의 사례도 있다. 바로 강의 중 휴대폰 사용 금지 조치다. 교수님들이 열과 성을 다해 강의를 하는 동안 학생들이 휴대폰이나 들여다보고 있는 광경을 보고는 '이거 안 되겠다' 싶은 생각이 들었다. 도저히 내 상식으론 있을 수 없는 일이었다. 어쩌다 한 번, 어쩌다 일부가 그러는 게 아니라 거의 대부분의 학생들이 강의시간에 핸드폰에 코를 박고 지내는 시간이 점점 늘어가는 걸 보며 이대로 둬서는 큰일이라는 생각이 들었다.

처음엔 다짜고짜 휴대폰을 내놓으라고 했다. 최대한 엄하고 화가 난 표정으로 지시를 했을 것이다. 총장의 말이니 불만이 있어도 대부분 학생들이 일단은 휴대폰을 내놓긴 했다. 그러나 휴대폰을 걷기 시작한 지 얼마 안 있어 학생들의 반발이 일었다. 중·고등학생도 아닌 대학생들에게 어떠한 합의과정도 없이 무조건 따르라 한 것에 대한 반감이었다.

한 번은 휴대폰 중 일부가 바뀌거나 분실되어 항의를 하는 학생도 있었다. 나는 물러서지 않고 '새로 사주겠다'고 맞섰다. 나도 나름대로 휴대폰 사용 문제만큼은 단호할 필요가 있다고 생각했던 것이다.

그러는 동안 반발만 있었던 건 아니다. 이 '수업 중 휴대폰 사용'에 대해 학생들의 자체적인 반성과 토론도 있었다. 학생들은 수업 중 휴대폰 사용이 문제가 되는 건 사실이니 어떤 방식으로 해결할지에 대한 방법상의 고민을 하는 것 같았다. 무조건 압수가 아닌 자발적 행동이면 더 좋을 것 같다는 쪽으로 의견이 모아지고 있었다.

그 말을 듣자마자 나는 회심의 미소를 지었다. 그렇게 스스로 문제를 들여다보며 해결방안을 찾아주기를 내심 기대하고 있었던 것이다. 그리고 나는 바로 목공소에 의뢰하여 핸드폰 보관함을 제작하도록 했다. 나무상자에 칸을 만들고 번호를 붙여 안전하게 보관하도록 했다.

이 핸드폰 보관함을 설치한 후 학생들의 태도에 조금씩 변화가 생겼다. 강의실에 들어오는 학생 100%까지는 아니지만, 자발적으로 그 나무상자에 휴대폰을 놓는 학생들이 늘어갔다. 그리고 오랜 시간이 지난 지금은 정말 학생들이 자발적으로 핸드폰을 보관하고 찾아가는 게 하나의 학교문화로 정착되어 있다.

지금도 친분이 있는 타 대학 총장님들 중에서는 우리 건양대학교에서 실천되고 있는 핸드폰 수거에 대해 놀라움을 금치 못한다.
"정말 대단하십니다. 그걸 어떻게 하셨대요? 우리는 꿈도 못 꿔요. 말 꺼내기 무섭게 대번에 난리가 날 텐데요."
우리 건양대학교에서부터 시작한 이 핸드폰 수거 문제는 이후 다른 대학으로 확산되어 갔던 것으로 안다. 대부분은 학생들의 반발과 거부감에 부딪쳐 제대로 정착되고 있지 못하는 듯하다. 그 차이는 구성원 전체의 합의를 이끌어내는 과정과, 합리적인 대안을 제시해 주는 노력에 있었다고 본다. 나는 그게 왜 문제인가를 묻게 한 후 합리적인 해결책을 제시해 줬다. 그렇게 해서 우리는 '공감대 확보'라는 한 걸음 전진을 할 수 있었던 것이다.

이 모든 게 참패한 실내화 캠페인으로부터 비롯된 소중한 교훈이다. 과오로부터 배움을 얻은 것이라 더욱 각별하다. 사람이 위대한 건 아마 이런 능력 때문이 아닐까 하는 생각도 든다. 학생들과 지내는 동안 나도 그들을 통해 많이 배웠다.

빵 총장의 성찰

총장직을 수행하는 동안 제법 많은 별명을 얻었다. 시험기간 때마다 빵을 사들고 도서관에 올라가 격려한 일로 '빵 총장'으로 불리기도 하고, 캠퍼스 곳곳을 누비며 휴지와 꽁초를 줍고 다니니 '꽁초 총장'이라는 이름도 붙었다. 스쿨버스를 타고 함께 등교하면서 학생들과 격의 없는 소통을 해온 덕분에 '총장 오빠'라는 별칭도 얻었다. 당연히 기분 좋은 이름들이다.

언론은 한 성공한 의사가 일으킨 혁신의 바람이 어떻게 교육현장을 뒤바꾸어 놓았는가에 대한 긍정적 평가로 지면을 장식하기도 했다. 때때로 학생들에 대한 세심한 배려와 솔선수범하는 총장의 미담을 앞다투어 쏟아내기도 했다. 그런 것들이 결과적으로 학교 위상을 끌어올리기도 했으니 나로선 고마운 일이다.

이렇게 대학혁신의 아이콘으로 불리던 내가 하루아침에 권위주의 시대의 낡은 표본인 양 비춰지는 사태가 벌어졌다. 처음엔 저게 과연 내 얘기인지 나조차 믿어지지가 않았지만, 정신을 차릴 사이도 없이 내가 행했던 잘못된 행동의 사례들이 사람들의 입에 오르내렸다. 그동안 이룩한 성취에도, 인간적이고 혁신적이라던 평판에도 '상반된 이면이 더 충격적'이라는 부연이 더해졌다.

소박하고 따뜻한 이미지의 '빵 총장'에서 '교권을 침해하는 권위주의 총장'으로의 돌변. 그 사이의 간극은 너무나 멀었다. 나의 본질이 어느 쪽에 더 가까운지 사실 여부를 따져보지도 않은 채, 세상은 이미 추락한 이름 쪽에 강한 혐의를 두고 있었다.

아무런 현실감이 없었다. 세상은 그대로 돌아가는데 나 홀로 우뚝 멈춰선 것 같은 기분이었다. 평생을 일에 미쳐 있던 사람이기에 그 급작스런 정지는 결코 휴식이 아닌 고통처럼 여겨질 수밖에 없었다.

가장 힘든 건 한 몸이라 여기며 대학을 함께 운영했던 내부 관계자들에 의해 리더인 내가 거부당했다는 사실이다. 그동안 학사 운영 과정에서 크고 작은 이견과 갈등은 있었지만, 그건 내부적 토론을 통해 지혜를 모아야 할 일일 뿐 언론에 대서특필되어야 할 사안이 되리라곤 상상도 못했다.

당혹감과 부끄러움은 이루 말할 수 없었다. 나의 지난 모습을 직면해본다는 게 이렇게 곤혹스러울 줄 몰랐다. 사람은 그래서 나이가 들어도 돌아보고 성찰하는 일을 게을리하지 말아야 하는 건데, 그런 시간을 다

놓치고 말았다.

지금 할 수 있는 일이 무엇이겠는가? 문제는 문제로서 흔쾌히 인정하고 바로잡는 노력을 해야 한다. 구순의 노인도, 스무 살의 청춘도 자신의 실수와 오류를 바로잡으려 노력할 때, 그때가 가장 큰 성장의 기회라는 사실을 나는 믿어보고자 했다.

앞만 보고 달려가느라 미처 주변을 살피지 못한 불찰이 그렇게도 많았던 것일까? 평생을 지켜온 삶의 철학과 인간관계 방식에 근본적인 문제가 있었을 수도 있다. 아니면 정말로 내가 깨닫지 못한 사이 '군림하는 인간'이 되어 버린 것인지도 모른다. 억울함과 분노의 감정이 때때로 고개를 들었지만, 나는 침묵 속에 내면의 진실을 바라보는 데 집중하고자 했다. 그러자 흙탕물 같던 혼란이 가라앉으며 차츰 그동안의 문제가 어느 정도 모습을 드러내기 시작했다.

매일 새벽 4시에 기상하여 건양대학교병원 지하 1층 전기실부터 11층까지, 입원실과 식당 구석구석을 돌아보는 나의 일과는 나름의 원칙과 의미를 두고 실천해 온 일종의 '루틴' 같은 것이었다. 현장에 답이 있다는 사실을 매일 절감하는 기회이기도 했다.

간밤에 병원에서는 무슨 일이 없었는지, 돌아가는 시스템에 별 어려움은 없는지, 환자들에게 제공되는 반찬이 싱겁거나 짜지는 않은지를 살피며 시작하는 하루하루가 쌓여 건양대학교 30년의 역사가 만들어졌다. 그렇게 도는 데 걸리는 시간이 한 시간여. 걸음으로는 약 5,000보 정도 된다. 어쩌다 한 번이 아니고 매일 반복되는 일상이니 이것만으로도 별도의 건강관리가 필요 없을 정도가 되었다.

사실 별 걸 다 살핀다는 말이 나올 만큼 지나친 면은 있었다. 대학총장이 주방에 들어가고, 기관실을 살피는 경우는 사실 드문 일이다. 하지만 설립자로서의 책임을 다하는 길이라는 생각에는 추호의 의심도 없었다. 관심의 과잉을 지적한다면 모를까, 설립자로서의 노력이 그렇게 비난받을 일인가에 대해선 아직까지도 잘 납득이 되지는 않는다. 다시 생각해도 그건 '환자를 위해 최선을 다하겠다'는 스스로의 다짐이자 헌신이었기 때문이다.

당연히 직원들에게는 이른 새벽 나의 출현이 달갑지만은 않았을 것이다. 본래 직장에서 상급자가 너무 부지런을 떨면 아랫사람들이 고단해지는 건 정해진 이치다. 다니다 보면 문제점이 보이게 마련이고, 그걸 시정하기 위한 지시도 내려지는 게 당연하다.

하지만 나는 지금도 조직이 정상적으로 작동하는 데 이보다 효율적인 방법은 없다고 생각한다. 일상적인 관리의 효율성 차원에서다. 특정한 날을 정해 점검하는 것보다, 일상의 흐름을 순조롭게 만들어 가는 게 오히려 좋은 방법이다. 게다가 그게 생활이 되다 보면, 딱히 얘기할 거리들도 없어진다. 꼬투리 잡을 일도 없고, 책잡을 일도 별로 없다. 오히려 "수고했다"는 격려의 말과 "간밤 편안하셨냐"는 인사 정도가 오갈 뿐이다.

이런 일을 굳이 총장이 해야 하느냐는 별개의 문제다. 가장 관심이 많고 의지가 있는 사람이 맡아 하는 게 최선이다. 그 일을 가장 잘할 수 있고, 하고 싶어 하는 사람이 바로 나였을 뿐이다.

그런데 수십 년째 이어져 온 나의 일상이 갑자기 '부정적인 뉴스거리'가 되었다. 그 뉴스가 나오기 직전까지만 해도 나의 새벽 순찰은 건강과 성실성의 증거로, 책임감 있는 경영자의 모습으로서 훈훈하게 소개되던 소재였다. 세상일이란 어떤 기준과 잣대를 들이대느냐에 따라 똑같은 행동이 '빵'이 되기도 하고 '독'이 되기도 하는 모양이다.

교권을 침해한다는 비판을 들으며 나는 '교권이란 무엇인가?'에 대해서 곰곰이 생각해 보았다. 교단에 서 있다는 사실만으로 그런 권위가 저절로 부여되는 건 아닌 것 같았다. 교육자의 진정한 권위는 그가 갖추고 있는 인격적이고 지적인 소양으로부터 비롯되는 바, 그가 견지한 인간적 깊이와 충분한 전문성이 전제되어야 한다. 내가 교수들에게 부탁드린 것들은 대부분 그 같은 사명을 실질적으로 다해 주시기를 바라는 내용들이었다.

인간적으로 존경의 대상이 되며, 학문적 탁월함과 깊이가 요구되는 자리. 그러면서 학생들의 미래에 대한 무거운 책임감까지 떠안고 살아야 하는 존재들이 교수다. 그 어려운 자리에 있는 사람들의 노력이 제대로 평가받고 존중되기 위해서라도, 나는 교권에 대한 생각만큼은 바로잡아야 할 문제라고 생각하고 있다.

오늘날 대학에 필요한 교육이란 무엇인지, 배우고 가르치는 관계의 행복한 동행을 위해 무엇을 더 고민해 봐야 하는지에 대한 대화는, 앞으로도 우리가 함께 더 많이 고민해야 할 일이 아닐까 생각한다.

돌이켜 보면, 학교 구성원들 사이에 발생한 갈등과 이견을 해결하는 나의 방식에는 분명 문제가 있었다. 일에 미쳐 있느라 사람을 제대로 보지 못했다. 건양대학교라는 큰 틀에서 한 길을 걷는 한, 나는 모두가 나와 같은 생각일 것이라 믿어 의심치 않았는데, 그 판단만 믿고 매사를 밀어붙이려고만 했던 건 크나큰 실수였다. 그 결과 나는 포용하는 리더가 되지 못하고 고독한 군주가 되고 말았다. 소통을 부단히도 강조했으면서 정작 조직 내 자유로운 소통의 문화를 만들어내지 못했으니 그 책임이 크다. 그런 태도가 쌓이고 쌓여 부당한 갑질로 작용되었다는 걸 너무 늦게야 깨달은 것이다.

가까운 지인들이 늘 입버릇처럼 지적하던 나의 '급한 성미'가 화를 자초한 면도 있었다. 상황에 따라서는 강력한 추진력이 되기도 하지만, 상처를 주기도 했던 나의 특성이 이렇게까지 비화되리라고는 예상 못한 일이다. 이제야 주변 사람들의 생각을 좀 더 세심히 들여다보며 소통했더라면 하는 아쉬움이 크다. 그러나 이미 벌어진 일. 나의 부족함으로 인한 상처를 어떻게 복구할 수 있을지, 이제부터 내가 고민해야 할 일은 그것이다.

정신을 차리고 돌아보니 후회되는 일이 한 두 가지가 아니다. 평소 '홀로 올바른 사람'들이야말로 일을 그르치는 주범이라 생각해 왔는데, 그 비난이 고스란히 나에게로 향해야 할 판이다.

뭐가 그리 바빴는지, 차분히 나의 인생에 대해 참구해 볼 짬을 내보지 못했으니, 어쩌면 지금의 시간이 더 늦기 전에 내게 주어진 마지막 기회가 될지도 모르겠다. 총장직을 내려놓는 과정에서 겪은 좌절을 이겨낼 힘도 그 과정에서 회복될 수 있으리라. 그렇게 생각하니 한결 마음이 편안했다. 돌이킬 수 없는 일에 연연하여 일일이 해명하느라 애쓰는 건 이미 무의미한 일이다.

내가 이룬 공(功)의 크기가 작지는 않았을 테지만, 과(過)의 크기 또한 작지 않을 것이다. 그걸 있는 그대로 바라보지 못한다면, 그것이야말로 가장 큰 과오로 남겨질 것이다.

세상에 완전한 존재가 없듯이, 내 안에 존재하는 크고 작은 결함들이 그 소동의 원인을 제공했다. 인정하고 바꿔 나갈 용의가 있기에 지금 나는 이 글을 쓰고 있는 중이다. 살아있는 날까지 고치고 다듬으며 성숙한 인간이 될 수 있기를 나는 노력하고 또 노력할 것이다.

시련이 준 특별한 선물

정직을 모토로 살아온 인생이다. 나를 속이고 세상을 속이는 건 일시적으로 가능할 순 있어도 언젠간 진실 앞에 무릎을 꿇게 돼 있다. 거짓으로 이룬 업적이 제아무리 높고 화려해도 그 내면은 초라하고 불안할 수밖에 없다. 겉과 속이 다른 사람은 언제 들통 날지 모르는 거짓을 감추느라 평생이 고달프다. 가진 게 별로 없더라도 자기 삶에 자부심과 긍지를 가질 수 있어야 행복한 인생이라 믿었다.

그런데 그런 긍지와 자부심이 인생의 모든 걸 말해주지는 않는 것 같다. 자기 신념과는 달리 때론 전혀 예상치 못한 진실 앞에 대면해야 할 때도 있다는 걸 나는 뒤늦게 알았다. 바로 몇 해 전 내가 건양대 총장직을 내려놓아야 했던 때의 일은 일생일대 최악의 위기였다. '건양대학교', '권위주의 총장' 같은 말들이 내 이름 석 자와 함께 인터넷에 오르내리고, 나는 평생 잊지 못할 악몽의 밤을 보냈다.

한때 사람들의 존경을 받던 인물이 알고 보니 사학비리의 주역인 양보도되고, 연일 얼굴 없는 여론의 뭇매가 날아들었다. 사실 여부를 떠나 그 같은 상황은 한 사람의 영혼까지 말살할 수 있는 일방적이고 지독한 고통이었다.

교직원들과의 갈등도 사실이고, 성미 급한 나의 언행이 때로 감정에 치우쳐 상대방에게 상처를 주기도 했음을 나는 부정하지 않는다. 이유 여하를 막론하고 나의 소통방식과 태도상의 결함을 인정할 수밖에 없다. 미처 다스리지 못한 결함이 만천하에 드러나는 고통은 뼈아픈 것이지만, 감내하고 사죄하는 일은 오롯이 나의 몫이었다.

그러나 그것을 사학의 전형적인 '권위주의 총장'이라는 표현으로 본질을 왜곡하거나, 심지어 사학문제로까지 연결하는 건 전혀 다른 문제다. 내가 상처를 준 이들에 대해서는 얼마든지 사과하는 것이 마땅하지만, 처음으로 경험해 본 언론의 행태에 나는 더 큰 충격과 절망을 느꼈다.

나중에 살펴보니 보도 내용 중에는 사실인 부분도 있고 그렇지 않은 부분도 섞여 있었다. 어떠한 질문을 어떻게 던지는지에 따라, 또 그 질문을 누구에게 하는지에 따라 결론은 전혀 다른 의미로 변질되거나 엄청난 비약을 감행할 수 있다는 걸 알았다. 그리고 그런 과정으로 만들어진 결론이 마치 진실인 양 세상에 퍼져 나갔다.

정말 아무런 선입견 없이 있는 그대로의 사실만을 취재했는지, 의도된 프레임을 전제한 과장과 확대 해석은 아닌지 따져 물어야 할 것 같았다. 또한 그 일은 성격상 내가 속해 있는 조직 내부에서 풀어야 할 과제였을 뿐, 그렇게 사회적 이슈로 등장시킬 만한 일이었던가 하는 아쉬움도 컸다. 어쨌거나 이 또한 나에게는 또 하나의 배움이 되었다.

칩거하는 동안 스스로에게 질문을 던져 보았다. 나는 왜 의사가 되고, 대학총장이 되었을까? 여러 이유가 있었겠지만, 결국은 가치 있는 삶을 살기 위한 것이었다. 나의 존재로 말미암아 세상에 작은 도움이 되기를 바라는 마음, 그 마음이 나로 하여금 용기를 갖게 했고, 부단히 행동하고 실천하게 하는 원천이 되었다.

이러한 나의 생각은 인생 후반기에 이르러 후학양성의 길로 접어들고 난 후로 더욱 확고해졌다. 젊은 시절보다 더 뜨겁게 열정을 쏟아 부은 결과 교육자로서 보람된 마무리를 꿈꾸는 시점에 이르렀다. 그 기나긴 과정을 정리하는 시점에서 미처 헤아리지 못한 나의 부족함이 발견된 것은 참으로 아쉬운 일이 아닐 수 없다.

나는 진심으로 지난 시간을 돌아보고 성찰하는 일에 전력을 다했다. 흘러온 물길을 거슬러 올라가듯 천천히 내게 일어난 사태의 전후를 정확히 이해하고자 노력했다. 뜻밖의 사건으로 내 자부심에 상처를 남기긴 했지만, 언제까지 상심한 채로 머물러 있을 수만은 없는 일이다. 그거야말로 나의 자존심이 허락할 수 없는 일이다. 다행히도 아프게 다가왔던 그 과정이 내겐 큰 공부가 되었다.

나의 부족함을 안다는 건 비관하기 위해서가 아니라 채우기 위해서

필요한 일이다. 늘 바쁘고, 뭔가를 향한 도전을 멈추지 않은 채 살아온 나의 인생이 과연 무엇을 위한 것이었는지, 어디쯤에 도달해 있는지에 대해 스스로 질문하고 정돈해 볼 필요가 있었던 것 같다.

과연, 긴 성찰의 터널을 지나고 보니 세상이 달리 보였다. 오직 목표를 향해 직진했던 나의 시야에 사람이 들어오기 시작했다. 나와는 다른 생각과 다른 경험을 가진 사람들. 목표는 같지만 조금 다른 방식으로 가보고자 한 사람들. 걸음의 속도가 느릴 뿐, 조금만 기다려 주면 결국 끝까지 함께 갈 수 있는 사람들…. 이들의 다양한 사정과 이유들이 이제야 납득할 수 있는 일로 보이기 시작한 것이다. 한 사람 한 사람을 만나 나의 마음을 전할 수야 없겠지만, 이전과는 달라진 눈빛과 표정으로 다시 함께 뜻깊은 동행을 해보자고 말하고 싶다.

자신과 세상을 긍정할 줄 아는 사람은 갈등관계에 있던 대상에게 진심 어린 화해의 악수를 먼저 청할 줄 아는 사람이다. 정신을 차리고 나니 나를 비난했던 구성원들을 원망하는 대신, 그동안 각자가 견뎠을 마음고생을 어서 빨리 털어 버렸으면 하는 마음이 생겨났다. 그들 또한 나의 퇴진을 지켜보며 힘겨운 시간을 보냈을 테니 말이다. 어른인 내가 먼저 그 상처를 어루만져야 한다는 생각이 들었다.

"어이, OOO 교수님! 그동안 연습 많이 했어요? 언제 나랑 골프나 한 번 합시다."

세상엔 백 마디 말 대신 환한 웃음 한 번으로 충분한 소통도 있다. 먼저 다가가고, 흩어진 마음을 모아 다시 새로운 시작을 도모하고자 손 내미니, 그들도 역시 웃음으로 화답했다.

"당연하죠. 총장님이 언제 불러주시려나 여태 기다렸는걸요."

아무 일도 없었다는 듯 주고 받는 농담에 한바탕 웃는 것만으로도 섭섭하고 노여웠던 감정들이 복구되기도 하니, 이런 게 진짜 이심전심이 아닐까 하는 생각이 든다.

하루도 빼놓지 않던 새벽 순찰 대신 명상과 요가로 아침을 맞는다. 시간이 지날수록 이 또한 편안하고 내 삶에 유익한 일이었다. 일에 파묻혀 있을 땐 자각하지 못했지만, 나는 그간 몹시도 지쳐 있었던 모양이다. 그걸 쉬게 되면서야 알았다.

3년 남짓 휴식을 하는 동안 한결 느긋해진 마음으로 세상을 다시 보니, 그다지 화낼 일도 성급하게 다그칠 일도 없었던 것 같다. 내 안에 있는 밝음과 어둠을 있는 그대로 인정한 결과, 타인을 수용할 수 있는 마음의 폭도 그만큼 넓어진 듯하다. 이렇게 유용한 건 줄 알았으면 진작 휴가를 내서 휴식과 수양의 시간을 가져볼 걸 그랬다는 생각마저 든다.

이거야말로 뒤늦게 찾아온 시련이 내게 준 '특별한 선물'임을 알겠다.

4.
무엇을 위해
돈을 버는가?

아무도 말하지 않는 '청부(淸富)의 길'

한때 '여러분, 부자 되세요!'라는 광고가 있었다. 대놓고 부를 추구하는 걸 그리 자랑스럽게 여기지 않는 사회풍토이다 보니 이 도발적인 한마디가 주는 파괴력은 상당했다. 이런 현상에 대한 비판적 논평도 있었다. 예컨대 '물질만능주의'를 부채질한다는 우려의 목소리다. 그러나 중요한 건 이 광고가 당시 국민적 덕담이 될 만큼 엄청난 성공을 거뒀다는 사실이다.

최소한의 물질적 기반 없이 인간다운 삶을 영위하기가 어려운 세상에서 무조건 부에 대한 갈망을 죄악시하는 건 현실적이지 않을뿐더러 솔직한 태도도 아님을 확인해 주는 대목이 아닌가 하는 생각이 들었다.

동서고금을 막론하고 사람들이 '청빈'한 삶에 대한 존경의 마음을 가졌던 것은 사실이다. 하지만 가난 자체를 추구한 것은 아니라고 생각한다. 게으름과 무능함이 그 원인인 경우도 있으니 말이다. 따라서 우리가 청빈에 대한 존중의 마음을 갖는 것이 곧 가난을 감수하는 사람에 대한 존경이라고 볼 수는 없다. 그보다는 '청빈을 불가능하게 만드는 현실의 부조리'를 배격하는 데 초점이 가 있었던 것 같다. 바로 그런 마음들이 정의롭고 공정한 사회를 향한 개혁의 필요성을 역설하는 바탕이 되었을 것이다.

평범한 사람들이 열심히 공부하고, 부지런히 일하는 이유가 돈을 벌기 위한 데 있다는 건 당연한 일이다. 능력껏 일을 하고, 그렇게 번 돈으로 행복한 삶을 누리고 싶은 생각은 전혀 문제가 되지 않는다. 반칙과 부정을 저지르지 않는다면 지극히 상식적인 삶의 목표라 할 수 있다.

지금도 부동의 진리인 듯 청빈을 논하는 경우가 있다. 주로 정치권 일각에서 나타나는 현상이다. 정치인의 청문회 장면을 보다 보면 재산 많은 걸 죄악시하는 장면이 종종 연출되곤 한다. 그동안 드러났던 정치인의 부정부패 현상들이 그 배경이겠지만, 그렇게 공격하고 비난하는 쪽도 내 눈에는 그다지 진실성 있게 보이지 않는다. 게다가 돈이 많다는 사실 자체가 과연 욕먹을 일인가 하는 생각이 드는 것이다. 자기 힘으로 성실히 노력해서 이룬 부라면 비난할 이유가 어디에 있을까?

통상적으로 가진 자들의 이미지가 부정적일 수밖에 없는 건, 그 축적의 과정이 정의롭지 못한 탓이다. 투자를 빙자한 투기, 권력과 유착하는 치부, 절세라는 이름으로 교묘히 자행되는 탈세는 사회적 비난의 대상이 될 수밖에 없다. 유감스러운 일이지만, 우리 사회에서 대부분의 부자들이 존경받지 못하는 이유가 이와 같았다.

돈의 유혹에서 완전히 자유로운 사람은 별로 없을 것이다. 그나마 이 유혹을 뿌리칠 수 있는 최소한의 장치는 역설적이게도 기본적인 부의 확보에 있는 것 같다. 얼마를 가져야 재물에 초연할 수 있게 되는지는 알 수 없다. 그러나 청렴을 유지하면서도 자신의 꿈을 이루어가는 데 필요한 만큼의 재화는 확보해야 한다는 시각을 올바로 정립할 필요는 있을 듯하다.

지금 우리가 발 딛고 살아가는 자본주의 환경에서 부를 추구하는 일에 대한 도덕적이고 올바른 기준을 정립하는 것은 매우 중요한 일이다. 깨끗하게 돈을 버는 법과 그 돈을 가치 있게 쓰는 법이야말로 우리에게 정말로 필요한 공부가 아닌가 한다.

우리나라에서는 유독 돈과 정치의 잘못된 결합으로 나라도 망치고 자기 명예도 망치는 일이 많았던 것 같다. 지금도 정경유착이라는 말이 심심치 않게 언론에 오르는 걸 보면, 예나 지금이나 그 속성은 크게 달라지지 않는 모양이다.

나는 평생 정치의 길을 넘보지 않았던 것에 대해 스스로 잘한 판단이라 여기고 있는데, 정치라는 행위가 본래 옳지 않아서는 아니다. 그것을 둘러싼 환경이 썩 훌륭하지 않다는 걸 알기 때문이다.

권력에 눈길을 주는 대신 나는 성공한 의사가 되고 싶었다. 열심히 한길로 매진한 덕에 당대에서는 제법 인정받는 의사가 되어 적잖은 돈도 모았다. 지금 생각해도 내가 돈 버는 재주가 출중했던 것 같지는 않다. 한눈팔지 않고 오직 인술로써 인정받는 의사로 살아온 결과인데, 시운도 탔다고 생각한다. 어쨌거나 그렇게 돈을 모으는 과정에 한 치의 부끄러움이 없다는 사실에 나는 만족할 뿐이다.

부지런히 일해 차곡차곡 돈을 모으는 것은 한 집안의 가장으로서 당연한 책무라고 생각한다. 나는 그걸 나의 아버님의 삶을 통해 배웠다. 어릴 적 나의 아버지는 부농이면서도 사계절 쉬지 않고 일을 하셨다. 봄부터 가을까지는 농사일로 하루도 쉬는 날이 없었고, 겨울에는 왕골과 가마니를 짜셨다. 주로 농사 일만 하는 시골동네에서 축산에도 손을 대시고, 태평양전쟁이 한창일 때는 고무신 장사를 하신 적도 있다. 전쟁으로 인해 물자가 귀하니 고무신이나 운동화 같은 생필품은 그야말로 금값이었다. 이런 아버지 덕분에 친구들이 맨발로 다니거나 짚신을 신던 때에도 나는 운동화를 신고 다니는 호사를 누렸다.

"없이 살면 남한테 깐보이는 것이다."

그 말씀은 당신이 왜 그렇게까지 일을 하고 근검절약하며 사시는가에 대한 이유였던 것 같다. 아버지에게 돈이란 남에게 누를 끼치지 않을 정도의 여유, 스스로 당당하게 살기 위한 밑천이었던 것이다.

대대로 세도를 누리기보다는 명신(名臣)과 석학(碩學)의 가계를 이어온 집안이지만, 아버지는 급변하는 세상의 변화에 보다 능동적이며 적극적인 선택을 하셨다. 위태로워진 나라의 운명 앞에서 가족을 지켜내기 위해서는 열심히 일하여 돈을 버는 게 무엇보다 중요하다고 판단하신 것이다.

나 역시 성인이 되어 가장으로 살아 보니, 아버지의 그런 선택이 거의 본능적인 것이 아니었을까 짐작된다. 웬만큼 살 만한 수준이었어도 끝없이 일을 찾아 나서고, 그렇게 모은 돈으로 다시 새로운 사업을 도모하시던 아버지의 모습이 그대로 자식에게 유전된 것 같다. 나의 불같은 성격이나 외모는 물론, 결단하고 추진하는 모든 것이 신기하게도 아버지를 그대로 빼닮았다.

돈과 관련해서도 내 삶은 그야말로 '수신제가치국평천하'의 길을 걸었던 것 같다. 내 식솔을 건사하고 집안을 안정시킨 연후에 어려운 이웃을 돕고 세상에 보탬이 되는 일에 줄곧 매진해 왔다.

거창하게 '청부의 길'을 걷겠노라 작정한 적은 없지만, 지금까지의 삶이 그럭저럭 남부끄럽지는 않았으며, 누군가에게 조금이라도 베풀 수 있는 여력 정도는 되었던 것에 감사할 따름이다.

평생 번 돈을 사학 설립에 털어 넣은 것은 '돈맛을 좀 본 의사'의 행동치고는 의외의 선택이라고 할 수도 있겠다. 어쨌거나 나는 가진 걸 세상에 돌려주는 방식으로 그만한 것이 없다고 생각했다.

'잘 고치는 의사' 소리도 들었으니, 의사로서는 최고의 찬사를 받았고, 고향에서 시작한 육영사업에 대해 '대한민국 사학의 새로운 모델을 창출했다'는 평가를 들었으니, 이 또한 내 평생에 다시 없는 영광으로 남을 것이다.

내가 번 돈이 후세들이 더 나은 세상을 닦아 나가는 데 쓰였으니, 본래 가진 것의 천 배, 만 배의 결실을 기대할 수 있는 투자를 한 셈이라고 생각한다.

정직한 방법으로 부를 축적한 사람이 비난받아야 할 이유는 없다. 그렇게 이룬 부를 더 많은 사회적 가치를 위해 쓸 줄 안다면 그거야말로 존경받아 마땅한 일이다. 오랜 역사를 통해 청빈한 삶이 칭송되었다면, 이제는 '청부'의 새로운 모델을 창출해 나가는 일도 필요한 세상이다. 다행스럽게도 이 두 가지는 서로 대립하는 관계가 아니라 얼마든지 동시적으로 추구할 수 있는 가치들이다.

꿈을 꾸러 가는 길에도 여비가 필요하다

맹자는 '군자에게는 세 가지 즐거움이 있다'고 했다. 첫째는 '부모가 살아 계시며 형제들이 무탈하게 지내는 것'이요, '하늘을 우러러 부끄러움이 없고 아래로 굽어보아 부끄럽지 않다'면 두 번째 즐거움이라 했다. 그리고 세 번째가 '천하의 인재를 얻어 그를 교육하는 것'이다.

내 부모님은 작고하셨지만, 그야 내 나이가 어느새 90을 넘었으니 지극히 자연스러운 일. 일가친척들이 서로 교류하며 기대어 살아가는 중이니 첫 번째 즐거움은 오래전부터 이미 누린 걸로 해도 무리가 없겠다.

병원을 할 때도, 학교를 운영할 때도 부정한 방법으로 이득을 구하지 않았으며, 어려운 이웃과 나누며 살고자 노력한 편이니 그럭저럭 두 번째 즐거움도 이미 나의 것이다.

고향에 학교를 세워 인재를 양성하고, 그 학교가 취업 명문으로서 명예를 얻었으니 이는 세 번째 즐거움에 해당된다. 고로 나는 인생의 삼락을 두루 다 누리며 사는 행복한 사람이다.

"인생 살아보니 교육이 젤 중요하더라고. 해보니 이것만큼 재밌는 일도 없어요."

그냥 의사로 편히 살지 뭐하러 돈까지 써가며 고생을 하느냐는 한 지인의 물음에 내가 한 대답이다. 아무리 뜻깊은 일이어도 즐겁지 않다면 고난을 감수하고 그렇게 오래 헌신할 수 없는 법이다. 질병으로 고통받는 환자의 눈을 고쳐주는 일의 보람도 컸지만, 스무 살에 입학한 청춘들이 몇 년 후 당당히 세상으로 나가는 모습은 내가 그 모든 어려움을 기꺼이 감수하게 되는 최고의 기쁨이었다.

교육이란 단순히 지식을 습득하는 개념이 아니라 자신의 가치를 알고 자기 삶에 필요한 것이 무엇인가를 알아가는 과정이라고 생각한다. 실력을 키워 원하는 목표를 향해 도전하고 당당히 이뤄가는 게 궁극적인 목적이라 하겠다.

우리나라에서 교육의 의미는 매우 특별하다. 해방 이후 근대화 시기를 거치는 동안 사회 제도의 시스템이 그다지 훌륭하지 못했어도, 교육은 개인과 사회를 발전시킬 수 있는 유일한 통로였다. 만약 대한민국에 우골탑의 신화가 없었다면, 허리띠 졸라매며 자식들 가르치는 일에 헌신하는 부모들이 없었다면, 지금의 대한민국은 아마도 가능하지 않았을 것이다.

대학을 나오는 것만이 더 좋은 삶으로 가는 유일한 길은 아니지만, 그래도 배우지 않는 한 미래를 향한 희망을 얘기하기는 어렵다. 과거부터 교육은 계층 이동의 중요한 사다리로서, 더 나은 미래를 위한 약속이었다.

과거 우리 세대 때만 해도 소득 수준이 낮아도 노력 여하에 따라 충분히 계층 이동이 가능했는데, 지금은 이러한 가능성이 오히려 낮아졌다. 원인이 무엇일까? 가난이 보편적이던 때는 잘 드러나지 않았던 교육의 불평등이 심화된 탓이다. 한정된 계층만이 고액과외와 입시컨설팅을 통해 명문대 진학을 하는 현상이 고착화되고, 이들만이 사회 주류의 길로 진입하게 되니 예전보다 상대적 박탈감도 더 심화되었다. 소득격차가 교육격차로 이어지고, 이것이 계층 고착으로 이어지니 이야말로 심각한 사회갈등의 원인이 되고 있다.

부모의 경제적 안정 위에 양육된 자녀와, 그렇지 못한 자녀는 출발선부터 다르다. 이들이 대학을 나와 직장에 취업하는 과정에서 이 간극이 좁혀질 수 있다면 그나마 다행이겠지만, 안타깝게도 현실은 그렇지 못하다. 출발선이 다른 아이들의 불평등이 대물림되는 것이 애써 노력할 의욕마저 고갈시키는 주범이다.

그럼 이 '10% : 90%'로 갈리는 양극화 시대의 병폐를 해소할 수 있는 대안은 어디서 찾을 수 있을까? 역시 교육이다. 본래 교육은 불평등한 세상을 평등하게 만드는 수단이었다. 그걸 회복해야 한다.

그러려면 제대로 된 교육이 '돈이 지배하는 교육'을 넘어서야 한다.

기회의 불평등을 부채질하는 사교육도 가능한 한 축소시켜야 한다. 돈 때문에 대학을 포기하는 일이 더 이상 없도록 비용부담을 줄이는 방향으로 가야 한다.

한때 '반값 등록금'이 사회적 이슈가 된 적이 있었는데 건양대학교에서는 그보다 한참 전부터 기획했던 일이다. 결과적으로는 제대로 시행하지 못했다. 내가 하고 싶다고 마음대로 결정할 수 있는 일이 아니기 때문이었다. 대신 등록금 부담을 타 대학보다 상당히 낮췄다.

교육부가 등록금 동결을 결정하기 전인 2009년부터 2011년까지 3년간 건양대학교는 등록금을 동결했다. 2012년에는 거기에서 또 5.1%를 내렸다. 우수한 지역인재들을 유치하려는 몸부림이기도 했지만, 학생들에게 다른 것 신경 쓰지 말고 공부에만 전념하게 하려는 마음이 컸다.

그런데 그 이후 교육당국에 의해 등록금 동결 조치가 이루어졌다. 좋은 의도에서 시작한 일이지만, 이것은 학교재정의 어려움을 가중시키는 결과가 되고 말았다. 동결된 그 상태는 타 대학보다 이미 상당히 낮은 수준의 등록금이었기 때문이다. 건양대학교는 지금도 지방대 기준 전국에서 등록금이 가장 낮다.

어쨌거나, 교육기회의 불평등을 해소하고 누구나 비등하게 행복을 추구할 수 있도록 돕는 일은 지금 우리 기성세대가 해야 할 중요한 책무라 생각한다.

청춘들이 스스로 꿈을 포기하지 않도록, 나는 그들이 도달할 수 있는 목적지까지 최소한 여비 정도는 챙겨줘야 할 것 같은 심정으로 학교를 이끌고 있다. 꿈을 꾸러 가는 길에도 여비는 필요한 법이니까. 나는 그 일을 제법 쓸 만한 대학을 만들어 그들이 맘껏 공부할 수 있는 여건을 마련하는 것으로 했다. 내가 마련해 준 배움의 터전에서 그 다음 단계로 나가기 위한 충분한 자양분을 마음껏 취하기를 나는 진심으로 바랄 뿐이다.

돈은 목표가 아니라 잘 부려야 할 도구

성공적인 인생을 살기 위해서는 보통 두 가지가 필요하다고 생각한다. 첫 번째는 어떤 인생을 살 것인가 하는 삶의 목표가 정해져야 하고, 두 번째는 그 일을 수행하기 위한 물적 기반이 필요하다. 나는 훌륭한 의사가 되겠다는 목표를 위해 청년 시절을 온전히 다 바쳤다. 자신이 타고난 천재가 아니라는 걸 알기에 성실성과 치열함으로 승부해야 했다. '하면 된다'는 신념에 의지하여 노력한 결과 마침내 실력으로 이름을 알리는 의사 정도는 되었던 것 같다.

이 '하면 된다'는 말에 대해 요즘 젊은이들은 그다지 감흥이 없다지만, 내가 살던 시대는 이 말이 곧 시대정신이었다. 가진 것 아무것도 없는 사람들이 붙들 수 있는 유일한 동아줄이 자기 자신의 신념이요, 그걸 이루기 위한 노력이었다. 어렵고 힘들 때마다 나는 이 '하면 된다'는 신념에 의지해 난관을 딛고 일어서곤 했다.

그 어렵던 시절 미국유학을 감행한 것도, 진창과 기계소리만 낭자한 영등포 벌판에 김안과를 개원한 것도, 알 만한 사람은 다 뜯어말리는 대학 설립을 도시가 아닌 고향 논산에서 감행한 것도, 다 그 같은 신념의 소산이었다.

두 번째 동력은 '돈'이다. 겨우 월세 한 칸 얻어 시작한 안과를 대한민국은 물론 동양권 최고라는 소리를 들을 정도로 키웠다. 돈을 목적으로 일한 것은 아니지만, 열심히 하니까 꽤 많은 돈이 금고에 쌓이고 있었다.

'365일 언제든지 찾아가도 문이 열려 있는 안과', '환자에게 자상하게 설명을 잘 해주는 안과'를 원칙으로 정해 운영하니, 환자들 머릿속에 '김안과에 가면 언제든지 치료받을 수 있다'는 인식을 심어 놓게 되었다. 그렇게 쌓아온 신뢰가 김안과를 성공 궤도로 올린 바탕이 되었다.

다음 달 월세를 어떻게 낼지를 걱정하던 신생병원이 어느 시점부터는 대한민국에서 제일 잘 나가는 안과병원이 되었다. 돈을 추구한 것이 아니라 '좋은 의사', '좋은 병원'을 추구한 결과 더 많은 돈이 들어온 것이다. 한번 규모가 커지고 자리를 잡은 후론 말 그대로 눈사람 굴리듯 돈이 불어났다. 부자가 되는 원리를 그때 알았던 것 같다.

김안과가 얼마나 잘 됐는가를 보여주는 일화가 몇 가지 있다. 80년대 중반의 어느 여름에 눈병이 크게 번져 하루 외래환자가 수천 명에

다음 달 월세를 어떻게 낼지를 걱정하던
신생병원이 어느 시점부터는
대한민국에서 제일 잘 나가는 안과병원이 되었다.
돈을 추구한 것이 아니라
'좋은 의사', '좋은 병원'을 추구한 결과 더 많은 돈이 들어온 것이다.
한번 규모가 커지고 자리를 잡은 후론 말 그대로
눈사람 굴리듯 돈이 불어났다.
부자가 되는 원리를 그때 알았던 것 같다.

달했을 때가 있었다. 이때 우리 병원의 로비는 명절 맞은 서울역 대합실을 방불케 할 정도였다. 자연 소매치기들이 활보하기 딱 좋은 조건이었다. 실제로 그런 사고가 하도 잦아지다 보니, '소매치기 주의'라는 안내문을 병원 곳곳에 붙여야 했다.

지금 생각하면 '즐거운 비명'이 되겠지만, 그때는 점심을 거의 먹어보질 못했고 저녁도 마음 편히 먹어본 기억이 없을 정도로 일이 많았다. 밥을 먹다가도 환자가 오면 수저 놓고 달려나가야 했다. 병원이 번창할수록 의사가 밥을 굶는 일이 허다해지는 기현상이 내 병원에서는 일어났다.

당연히 병원 수익이 상당했다. 당시는 신용카드가 없을 때라서 무조건 현금 아니면 외상이었는데, 매일 진료를 마치고 나면 돈을 일일이 셀 수 없을 정도여서 은행 직원이 와서 돈을 세서 바로 가져가곤 했다.

이렇게 돈을 제법 모았지만, 평생 나 자신을 위해 사치를 한 기억은 없는 것 같다. 보통 어느 정도 돈을 모으면 써보고 싶은 욕망이 있기 마련인데, 나는 그런 생각이 일절 없었다. 아내도 나와 마찬가지여서, 가난하던 신혼 때의 근검절약했던 생활을 그대로 유지하며 살았다. 내외가 다 돈에 대해 비슷한 태도를 갖고 있으니, 병원이 번창하는 속도 이상으로 돈이 불어났다. 돈 버는 재미가 어떤 건지를 알 수 있을 것 같았다.

보통 돈 좀 벌기 시작한 남성들이 술과 이성에 빠져 탕진하는 경우가 종종 있다. 속된 말로 '돈지랄'이라 부르기도 하는 일탈 행위들이다. 다행히 나는 돈을 버는 재미는 알았지만, 돈지랄을 할 마음은 전혀 없었다. 병원이 커지면서 생존에 필요한 돈보다 더 많은 돈들이 들어오니 차곡차곡 금고에 다 쌓일 수밖에. 세상 단순한 방법으로 부자가 된 것이다.

어쩌면 나는 돈 쓰는 재미를 진짜 몰랐던 것 같기도 하다. 돈 버느라 바빠서 솔직히 돈 쓰러 다닐 짬도 없었다. 그보다는 태생이 사치스러운 걸 별로 즐기지도 않을뿐더러 무의미한 일에 낭비하는 걸 극도로 싫어했고, 돈으로 과시하는 일에도 별 흥미가 없었다.

은행 잔고가 늘어가는 게 재밌기는 했지만, 돈을 불리는 '기술'을 배우지는 않았다. 나는 지금껏 증권이나 펀딩 같은 것도 할 줄 모르는 사람이다. 그저 벌면 은행에 넣고 필요하면 빼다 쓰는 것 외에 내가 아는 금융의 '필요'는 없었다. 돈 자체를 추구했다면 남들처럼 땅 투기도 하고 유망기업 우량주를 찾아 재산을 불릴 궁리를 했겠지만, 그 방면으로는 별 소질도 없었다. 이런 게 재산 형성에 있어 투명하고 정직할 수밖에 없던 사정이기도 한 것 같다.

학교를 운영할 때도 부정한 방식으로 돈을 탐하는 일은 내가 절대적으로 경계했던 일이다. 교수 임용을 하면서 '봉투'를 받아 채용하는 일은 상상할 수도 없었다. 오히려 면접을 보러 온 사람들에게 채용 여부에 관계 없이 여비를 챙겨 보냈다. 나중에 이력서에 슬쩍 끼워둔 돈 봉투라도 발견되는 날에는, 그 사람은 무조건 탈락 1순위였다. 실제로 몇 번 있었던 일이다.

사학들의 열악한 재정 사정을 핑계로 일부 잘못된 관행들이 횡행했지만, 정당하지 못한 방법으로 채용된 교사나 교수들은 학생들 앞에서 떳떳한 스승이 될 수 없는 법이다. 또 스스로 땀 흘려 벌지 않은 돈, 부정한 방법으로 취한 돈으로 미래세대의 희망을 만들 생각을 어찌 하겠는가? 무슨 염치로 제자들에게 정직을 가르칠 수 있을까?

돈이 부족하면 차라리 일을 벌이지 말아야 한다는 게 나의 원칙이다. 이날까지 뒷거래로 돈이 오가는 일만은 최소한 내가 몸담고 있는 조직에서는 철저히 막았기에 이 문제에서만큼은 나는 어떠한 부끄러움도 없다.

나는 복사용지 하나도 이면지부터 쓰고, 불필요하게 전기를 낭비할까봐 일삼아 전등불을 끄러 다니던 지독한 사람이었다. 절약하는 생활습관으로 불필요한 낭비를 줄이니, 자연 들어온 돈이 쌓이게 되었다. 검소한 삶의 습관은 일상을 영위하는 데 필요한 만큼만 갖는 삶이다. 또한 살아가는 데 필요한 소비의 수준은 사실상 욕구를 조절하는 능력과 연관되어 있는 것 같다. 새로운 것으로, 더 성능이 좋은 것으로, 기왕이면 여러 개씩 구비해 놓고 살기로 하자면 끝이 없다.

나는 지금껏 딱 필요한 만큼의 소비를 하는 데 최적화된 생활규칙을 지키며 살아왔다. 덕분에 꾸준히 벌어들인 돈이 엉뚱한 데 흘러가지 않고 착실히 불어날 수 있었다. 이게 가진 것 없이 시작해서 제법 큰 돈을 벌 수 있었던 비결이라면 비결이다.

"가장 큰 부자는 가장 많이 가진 자가 아닌, 가장 적게 필요한 자다."

어느 책에선가 읽은 문구인데, 부자 되는 법을 알고 싶어 하는 사람들에게 꼭 들려주고 싶어 적어 놓은 말이다. 욕망을 채우고자 한다면 끝도 없고, 그 끝없는 소비의 늪에 빠지는 순간 계좌는 늘 간당간당한 상태로 머물 수밖에 없다.

아무리 노력해도 좀처럼 돈이 모이지 않고 있다면, 너무 많은 필요를 만들며 살아가고 있는 건 아닌지 돌아볼 일이다. 우리를 부자가 되지 못하게 하는 원인은 여러 가지가 있겠지만, 당장 내가 관리할 수 있는 습관의 영역을 점검하는 게 먼저다.

이렇게 물질과 부를 대하는 나의 기본적인 태도는 법정 스님의 책 『무소유』에서 깊은 감명을 받은 영향이 크다. 요즘 젊은 사람들 가운데는 이 책을 아직 읽지 못한 사람도 있을 테지만, 반드시 한 번은 일독해 보기를 권하고 싶은 책이다.

스님이 말씀하시는 '무소유'는 아무것도 소유하지 말자는 말이 아니라 불필요한 것을 갖지 않는다는 것이다. 지혜로운 삶의 선택이 어때야 하는지를 강조하는 말이다. 법정 스님은 "우리가 살아가기 위해 어떤 물건을 소유하는 것은 당연한 일"이지만, "분수 밖의 지나친 소비나 불필요한 소유는 사람을 멍들게 한다"는 말로 우리 마음속 탐욕을 경계한다.

풍부하게 소유하는 일보다, '풍성하게 존재하는' 데 삶의 목표를 두라는 스님의 말씀은 어떻게 벌고 어떻게 쓸 것인가에 대한 평생의 지침이 되었다. 덕분에 나는 물질 자체를 추구하는 삶에서 벗어나 내가 가진 것을 더 큰 세상의 가치를 위해 제대로 쓸 수 있기를 항상 생각하며 실천하려고 노력했다.

어머니께 배운 소통의 리더십

세상 모든 아이들이 받는 최초의 경제교육은 학교가 아닌 집안에서 시작된다. 부모가 가족을 위해 땀 흘려 일하고 알뜰히 저축하여 미래를 대비해 가는 모습을 보며 아이들은 돈이란 게 무엇인지, 어떻게 벌어 어떻게 써야 하는지를 자연스레 몸에 익히게 된다.

나 역시도 부모님의 살아가는 모습을 통해 물질의 진정한 가치와 그 올바른 쓸모를 배울 수 있었다. 내가 병원과 학교를 운영하는 동안 내내 사회봉사와 나눔을 실천하는 일에 유독 신경을 쓴 것은 전적으로 부모님에게 배운 '성실성'과 '나눔의 도리' 때문이었다.

어릴 적 우리 집은 면내에서는 비교적 부농에 속하는 집안이었다. 가을 추수를 하면 곡간과 툇마루를 볏섶으로 가득 채우고도 모자라 안뜰에까지 쌓아두어야 했다. 외양간에선 누렁소가 되새김질을 하고 돈사엔 십여 마리의 돼지도 쳤다. 형님과 누님의 혼사 때는 이 돼지를 잡아 마을 잔치를 푸짐하게 했던 기억이 난다.

논밭 외에 인근에 꽤 넓은 산이 있어서 감이나 밤, 대추나무 같은 유실수의 소출도 적지 않았다. 지금도 내 살던 양촌은 밤농사로 유명한데, 가을이면 밤 따는 일이 여간 큰 일이 아니었다. 일꾼들을 들여 해마다 50~60가마 정도나 되는 밤을 거두었으니, 밤값이 쌀값보다 더 비싼 덕에 꽤나 큰 소득원이 돼 주곤 했다.

벼 타작도 하루 이틀에 끝나는 게 아니어서 거의 일주일 내내 탈곡기 돌아가는 소리가 들렸다. 이래저래 집안은 일하는 사람들로 북적였고, 어머니는 그 많은 사람들의 밥을 해대느라 고생이 말이 아니셨다.

새벽이면 가장 먼저 일어나 일꾼들의 밥을 챙기시랴, 빨래 다녀오시랴, 잠시도 앉아 쉬실 틈이 없었다. 그러고도 잠시의 틈이라도 나면 행랑아주머니와 두부를 만들어 장에 내다 파시기도 했다. 봄철이면 베틀에 앉아 길쌈도 매셨다. 당시 농가에 유행하던 양잠도 치셨다. 생각해보면 꽤 넉넉한 집안의 안방마님으로 곱게 계셨어도 될 분이 평생을 일만 하다 가신 것 같다.

아무것도 하지 않는 '빈 시간'을 별로 즐기지 못하는 나의 성미도 이런 부모 밑에서 자란 영향 탓이다. 병원이든 학교든, 나는 '심각한 워커홀릭'이라는 소리를 들으며 살았다. 이런 평판이 부끄럽지는 않다. 자기 일에 최선을 다하고 끝까지 책임지는 인생이란 점에서 오히려 만족스럽다.

그렇게 일을 많이 하시면서도 어머니는 남에게 베푸는 데도 인색함이 없으셨다. 어려운 이웃들에게 뭐든 나누어주기를 좋아하셨다. 봄철

"왜 어머니는 굶으면서 남에게 밥을 먹여요?"
볼멘소리로 묻는 나에게 어머니는 빙그레 웃으며 말씀하셨다.
"나는 한 끼잖니. 저 이는 세 끼니나 못 먹었단다.
내가 한 끼 참으면 다른 사람이 하루를 견딜 힘이 생기지."
다섯 살배기 아이의 속상함이 그걸로 다 가실 수는 없었지만
나는 더 물을 수가 없었다.

〈첫 줄 좌측 두 번째가 어머니, 우측 두 번째가 아버지, 우측 끝이 큰형〉

이면 어김없이 닥치는 보릿고개에 먹지 못해 영양실조에 걸린 사람들이 많았는데, 어머니는 그냥 두고 보지 못하셨다. 당신이 드실 저녁밥까지 먹여 보내고 정작 빈속으로 잠을 청하실 때도 있었다.

하루는 저녁 때가 됐는데 어머니가 밥을 먹는 대신 부엌으로 누군가를 데리고 들어가셨다. 얼굴이 부석부석 부은 이웃 아주머니에게 소반 가득 차려진 한 끼를 내미셨다. 어린 마음에 어머니 몫의 밥이 모르는 사람에게 가는 것이 속상했다.

"왜 어머니는 굶으면서 남에게 밥을 먹여요?"

볼멘소리로 묻는 나에게 어머니는 빙그레 웃으며 말씀하셨다.

"나는 한 끼잖니. 저 이는 세 끼나 못 먹었단다. 내가 한 끼 참으면 다른 사람이 하루를 견딜 힘이 생기지."

다섯 살배기 아이의 속상함이 그걸로 다 가실 수는 없었지만 나는 더 물을 수가 없었다. 그때 어머니가 "없는 사람을 동정하고 도와야 후손이 복을 받는 거란다" 하시던 말씀만은 아직도 또렷이 남아 있다. 타인을 위한 희생과 양보가 결국은 후손의 복으로 이어지리라는 믿음이셨다.

훗날 어머님이 돌아가신 후에도, 마을 사람들은 당신의 밥을 아낌없이 내주시던 어머니에 대한 기억을 여러 차례 내게 들려주시곤 했다. 어쩌다 베푸는 선행이 아니라 평생을 행하신 일관된 실천이었음을 말해 주는 것이다.

어머니는 아랫사람에 대해서도 절대 함부로 하대하는 법이 없었다. 유년의 기억 속 우리 집엔 '머슴'도 있었고 '행랑댁'으로 불리는 사람도 있었는데, 품 넓은 어머니의 인심은 이분들에게도 마찬가지였다. 고된 일을 하는 사람들이라며 늘 든든하게 먹이는 데 마음을 쓰셨다.

해마다 백중(百中)날이 돌아오면 집안에서 일을 돕는 사람들을 모두 내보내 놀게 하셨다. 그때는 이게 무슨 의미인 줄 몰랐는데, 그게 아마 '백중놀이'라는 풍습인 듯하다. 예로부터 백중이 되면 주인이 머슴들에게 새옷 한 벌과 장에 나가 먹고 즐길 돈을 쥐어 주었다고 한다. 이걸 '백중 돈 탄다'고 했단다. 온 동네 머슴과 일꾼들은 지주들이 마련해준 술과 음식을 들고 산이나 계곡을 찾아 먹고 마시며 하루를 흥겹게 즐겼다. 엄격한 신분제를 유지했던 시절에도 사람들의 마음 씀씀이가 그렇게 야박하지는 않았던 모양이다.

자식은 부모가 살아가는 모습을 보고 배우며 어른이 된다. 일하고 생각하고 행동하는 모든 측면에 그렇게 몸에 밴 가르침이 투영된다. 병원과 학교에서 직원들을 대하는 나의 모습에는 예전 어머니의 영향이 꽤 있었다고 생각한다. 물론 지금은 신분 사회가 아니니, '아랫사람'이라는 규정은 신분적 상하관계가 아닌 직급과 역할의 차이일 뿐이라는 게 다르긴 하다.

김안과를 처음 시작하던 무렵부터 나는 매주 금요일을 전 직원들과 함께 '고기 먹는 날'로 정했다. 유난스레 일도 많이 벌리지, 잔소리도 많지, 직원들 입장에서는 이런 원장하고 일하는 게 여간 고역스러운 게 아닐 것이다. 그러니 하루쯤은 좋은 음식과 따뜻한 말로써 대접하는 게 도리일 듯했다. 물론 저녁 식사 전 나를 포함한 전 직원이 대청소를 하는 건 필수였다. 일꾼들과 함께 일하시던 내 부모님처럼, 나 역시 빗자루와 걸레를 들고 직원들과 함께 청소를 했다. 그렇게 함께 땀 흘려 일한 후의 밥이니 그 맛이 더 기막힌 건 두말할 필요도 없다.

당신 것을 나누기에 주저함이 없으며, 머슴들에게도 늘 후덕하셨던 어머니가 지으신 덕이 자식들에게 이른 덕분에 크게 굴곡진 일 없이 평탄한 삶을 살았던 것 같다. 부모가 지은 복을 내가 입은 것이다.

또한 어머님의 그런 행동이 자식에게는 평생 가는 가르침으로 남았다. 새벽 순찰을 돌며 식당에서 일하시는 분들을 뵙거나, 청소하는 아주머니들을 뵐 때마다, 나는 어김없이 오래전 어머니가 하시던 모습을 떠올리곤 했다.

직업에 귀천이 없어진 시대를 살면서도 그런 위치와 업종에 종사하는 사람들에 대한 시선에는 여전히 전근대적인 편견이 남아 있는 걸 어찌 부정할까? 그래서 나는 일부러 더 가까이 다가가 구수한 충청도 사투리 섞인 인사를 하고 실없는 농담을 던지기도 한다. 처음엔 대학 총장에 병원장이라는 노인이 왜 여기까지 와서 저러나 의아해 하다가도, 우리는 이내 친숙한 얼굴로 인사하는 사이가 되곤 했다. 일하면서 어떤 어려움이 있는지, 개선할 일은 뭐가 있겠는지, 우물가 아낙들의 잡담인

양 나누는 사이, 나는 내가 책임지고 있는 조직이 돌아가는 사정의 미세한 부분까지 두루 파악할 수 있게 된다.

조직운영의 기본 방향에서부터 세세한 부분까지를 꿰게 되니 유용한 점이 많다. 발생한 문제를 신속히 파악하고 수습하는 것도, 새로운 제안을 실행으로 옮기는 것도 빠르다. '답은 현장에 있다'는 말을 나는 매일 이런 만남들 속에서 확인하고 있다.

친근하게 다가가고, 함께 힘을 합해 일을 마무리하시던 어머니의 리더십이 아마도 이런 것 아니었겠나 생각하니, 새삼 그 지혜가 감탄스럽기 그지없다. 학교를 다닌 적도 없고 오직 한 가정의 주부로만 사셨지만, 나는 그분에게서 따뜻한 소통의 리더십을 배웠다. 사람과 사람의 관계가 어때야 하는가를 배웠다. 당신의 살아가는 모습 그대로 자식에게 귀한 가르침을 주신 어머니의 위대함을 나는 90 평생 내내 깨닫고 또 깨닫는다.

나는 지금도 사랑하는 자식에게 돈을 물려주는 것보다 더 귀한 유산은 '어떻게 사는 게 정말 가치 있는 삶인가'를 제대로 일깨우는 것이라 생각한다. 내 부모님이 내게 그러셨듯이, 내가 살아온 모습이 자식들에게 평생 가는 교훈으로 남겨진다면 그 이상 바랄 게 없겠다는 마음으로 살았다.

고향은 내게 공덕비를 세우자 했다

평생 의사로만 살 줄 알았던 내가 우연한 계기로 육영의 길로 들어서게 된 가장 큰 동력은 전적으로 고향 논산에 대한 애정 때문이다. 건양중·고등학교를 세워 후학을 양성하고자 한 것은 가난한 농촌마을에서도 꿈이 있는 한 얼마든지 성공할 수 있다는 걸 실현해 보이고 싶었기 때문이다.

이후 건양대학교와 건양대학교병원으로 이어지는 행보 역시 고향 논산의 발전과 후학 양성이라는 목표를 하나로 잇고자 했다. 그 결과 별다른 특징이 없던 논산이 교육, 문화, 행정, 경제, 의료 등의 다양한 영역에서 상당한 발전을 이루게 되었다. 그 배경으로 건양대학교를 빼놓고 얘기할 수는 없을 것이다.

단지 그 지역에 괜찮은 대학 하나를 세우는 것에서 나아가, 지역 주민들과 함께 공생하는 캠퍼스를 실현해 보고 싶었다. 주민들에게도 평생교육대학과 대학원 등에서 더 나은 교육을 받을 수 있도록 기회를 열어주었으며, 대학을 기반으로 다양한 문화적 경험을 누릴 수 있도록 했다. 최신 시설을 갖춘 스포츠센터 역시 주민들에게 개방하여 이른바 '지역과 함께 하는 대학'의 역할을 강화 하였다.

그밖에 논산시의 행정과 지역경제 활성화를 위해서도 우리 대학이 가진 역량을 아낌없이 제공했다. 지방행정과 정책 결정 과정에 우리 대학의 전문 교수진이 자문과 조언을 제공하고, 기업체 기술지도와 연계한 산학협력 사업으로 지역경제 활성화에도 기여하고자 했다. 아울러 학생들의 적극적인 사회봉사 활동으로 도시 전체에 활기와 따뜻한 온기를 불어넣는 등 많은 변화를 일으켰다고 생각한다.

어려웠던 시절, 유복한 환경 덕분에 배를 곯지도 않고 큰 어려움 없이 성장했던 나의 마음 한 편에 알 수 없는 부채의식 같은 것이 자리 잡고 있었다. 나보다 어려웠던 이웃과 가난 때문에 학업을 포기해야 했던 또래 세대에 대한 미안함 같은 것이다. 어느 집안에 태어나는가 라는 환경의 차이가 한 사람의 운명을 규정할 수밖에 없는 현실이 안타까웠다. 누군가에게는 억울하고 온당치 않은 일이다. 언젠가 힘이 생긴다면 그 차이를 메우는 일에도 나서야 할 것 같은 막연한 책임감도 생겼던 것 같다.

운 좋게도 나는 꽤 성공한 인생이 되어 고향에 돌아왔고, 그 막연했던 다짐을 하나하나 실현해 볼 기회를 얻었다. 내 부족한 힘으로 세상을 다 바꿀 수는 없겠지만, 내가 태어나 자란 고향이라도 살 만한 환경으로 바꿔 나가는 일에 보람과 긍지를 느낄 수 있었다. 그것만으로도 내겐 충분한 보상이 되고도 남는 일이었다.

건양중·고등학교에 이어 건양대학교를 세우고, 마침내 건양대학교 병원까지 세웠을 때의 그 벅찼던 감동은 죽는 순간까지 잊지 못할 듯하다. 이만하면 부모님과 조상들 앞에 크게 부끄럽지 않은 인생이겠거니 하며 스스로 행복해했다. 그때 나는 부모님 묘소 앞에 절하며 조용히 울음을 삼키기도 했다.

건양대학교가 세워지기 전까지 논산 하면 떠오르는 게 육군훈련소 말고는 없었다. 가만 보니 건양대학교가 개교할 무렵의 논산에는 젊은 사람들이 갈 만한 문화 시설들이 전무하다시피했다. 이런 사정은 지역 발전의 속도를 더욱 더디게 하는 요소이기도 했다. 낡고 허름한 풍경 속에 오래 머물고 싶은 사람이 누가 있겠는가?

건양대학교 내에 제법 규모 있는 콘서트홀을 건립하기로 한 건 그런 이유들 때문이었다. 건양대학교 학생들뿐 아니라 논산 시민들도 품격 있는 문화예술 공연을 감상할 수 있는 공간으로 활용하기 위해서다. 지방일수록 대학을 살리는 일이 도시를 살리는 길과 맞닿아 있다. 수도권처럼 도시 자체의 동력으로 시민의 삶을 향상시킬 만한 여력이 없기 때문이다.

그 효과는 바로 나타났다. 거리를 활보하는 젊은 학생들의 활기로 도시 전체에 생기가 돌기 시작했고, 인근에 상권이 살아나기 시작했다. 시간이 갈수록 확대되는 연쇄적 효과로 논산은 이제 예전의 침울했던 이미지를 벗고 새로운 지방 발전의 사례로서 계속 성장해 나가는 중이다.

그런데 어느 날, 논산 지역 분들이 나를 위한 공덕비를 세우려 한다는 소식을 접했다. 사심 없이 고향에 학교를 세우고 양촌과 논산이 여러모로 살 만한 고장이 되도록 최선을 다한 나의 진심을 그분들이 높게 평가해 주신 것이다.

처음 시작은 건양고등학교 학부모회였다고 한다. 누군가 공덕비 건립을 제안했는데 이것이 동창회와 지역 면민회로 확산되면서 곧바로 공덕비건립추진위원회를 구성하기에 이르렀다. 첫 발기인 모임에 참석한 인원만 400여 명에 이른다는 말을 듣고, 이거 보통 일이 아니구나 싶었다.

이런 지역민들의 마음을 어떻게 받아들여야 할지, 처음엔 정말 고민스러웠다. 아무리 생각해도 과분한 일이었다. 게다가 공덕비라는 방식 자체가 내겐 부담스러웠다. 역사적인 인물들의 업적을 기리는 게 공덕비지, 고향에 학교 하나 세운 정도로 그런 얘기를 한다는 자체가 말이 안 된다고 생각했다. 게다가 아직 살아 있는 사람에 대한 공덕비라니! 송구하고 민망한 일이었다.

"정말 하시려거든 제가 죽은 후 살아온 모든 것을 총체적으로 평가하신 연후에 다시 논의해 주셔도 좋지 않겠습니까?"

내가 이룬 모든 것을 최종적으로 결산한 연후, 그래도 이 사람에게 비석까지 세워줄 만한가를 따져도 늦지 않을 것 같다고 말씀드렸다. 그러나 이미 고향 사람들의 의지는 더욱 확고해져 쉽사리 꺾일 것 같지가 않았다.

"아닙니다. 김박사의 애향심과 헌신 아니었으면 우리 아이들 교육시킬 수도 없었고, 지역발전도 한참 뒤졌을 게 분명합니다. 그 공과 덕을 후세에 널리 알리는 것 또한 우리가 할 중요한 일인 거지요."

공덕비추진위원으로 나선 김명규 선생은 인수중학교가 폐교되지 않고 건양중·고등학교로 거듭난 덕에 다섯 자녀 모두가 훌륭히 성장할 수 있었다며, 누구보다 열성적으로 앞장서고 있었다.

공덕비 건립 논의를 지켜보는 동안, 나는 고향 사람들이 무엇에 감동하고 고마워하는지를 뚜렷하게 알 수 있었다. 그것은 가난한 농촌 청소년들에게 단지 '중졸' '고졸'의 기회를 주는 것 이상의 의미였다. 꿈꿀 수 있는 기회, 더 나은 인생을 준비하고 도전할 자신감과 희망을 주는 일이었다.

실제로 김명규 선생의 다섯 자녀는 모두 건양중·고등학교를 나와 대학까지 진학했다. 딸들은 건양대학교를 거쳐 훌륭히 사회에 진출했고, 막내아들은 연세대학교 의대를 나와 지금 치과의로 개업 중에 있다. 이런 사례들이 사실 적지 않다. 양촌의 유일한 교육기관이던 인수중학교를 살려낸 것이 당시의 고향 후배들에게는 희망의 시작이었던 셈이다.

얼마 안 있어 주민들이 십시일반으로 기금을 조성했다는 소식이 들려왔다. 어차피 말릴 수 있는 단계가 아니었다. 돈 있는 사람이 금일봉을 쾌척한 것도 아니고, 주민들이 5,000원, 10,000원씩을 모아 마련했다는 얘기를 들으니 마음에 감동이 몰려왔다.

나는 그 순간 가장 현실적이고도 의미를 최대한 살릴 수 있는 방법을 생각해 보았다. 주민들에 의해 자발적으로 추진되는 과정을 기록하여 후세에 남겨준다면 이 또한 살아 있는 가르침이 될 것 같았다. 그리고 나는 고심 끝에 공덕비 건립을 수락했다.

돌아보니 그 공덕비는 나 자신에게도 중요한 삶의 푯대 역할을 했던 것 같다. 살다가 지치고 마음이 흐트러질 때면 공덕비에 적힌 글귀를 떠올리며 마음자리를 새롭게 갈무리하고는 했다. 나의 온 생애가 나 혼자만의 것이 아님을 잊지 않도록 바로잡는 기준점의 역할을 한 것이다.

5.
청춘, 힘내라!

처음 맺은 열매의 소중함

이제 개교한 지 30여 해를 넘긴 건양중·고등학교는 사회 곳곳에 나가 훌륭히 제 몫을 다하고 있는 졸업생들이 이름을 빛내고 있다. 후미진 시골의 학교지만, 그들 가운데는 명문대로 진학한 뒤 고시를 패스한 검사도 있으며 교수들도 나왔다. 지역사회의 공직자로 헌신하는 이들도 있고, 평범하지만 각자 자기 자리에서 성실한 일상을 일구며 행복하게 살아가는 이들도 있다.

이들의 성장을 지켜보는 일은 의사 노릇 하면서 느껴본 그것과는 또 다른 기쁨이자 보람이다. 장성하여 고향 논산을 지키며 잘 살아주는 것만도 고마운 일인데, 이들은 오랜 세월 변함없이 학교는 물론 설립자인 나한테까지 찾아오며 인연을 이어가고 있다.

지난봄에는 논산에서 토종벌을 치는 한 졸업생이 내게 귀한 산삼과 꿀을 보내왔다. 땀 흘려 얻은 귀한 결실을 친할아버지도 아닌 내게 보낸 그 마음이 여간 고맙지가 않았다. 산삼이 아니라도 힘이 불끈 솟을 것만 같았다.

초창기 졸업생들은 학교와 스승에 대한 애정이 유독 각별하다. 해마다 스승의 날만 되면 모교를 찾아 옛 스승과 함께 즐거운 시간을 보내고 있다. 담임이었던 교사들만이 아니라 나까지 초대해서 노래를 불러주니 고맙기 그지없다.

"스승의 은혜는 하늘 같아서~ 우러러 볼수록 높아만 지네~"

중년에 이른 이들이 둘러서서 부르는 이 노래의 첫 소절이 들릴 때, 나는 벅찬 감동으로 가슴이 울렁거린다. 솔직히 다니던 학교의 선생님을 오래 기억하고 찾아가는 예는 많아도, 설립자가 누구인지를 기억하는 사람이 과연 얼마나 있을까? 이 예사롭지 않은 일이 건양의 이름을 공유하는 우리들 사이에선 30년 넘게 이어지고 있다. 이것만으로도 나는 복 받은 인생이라 생각한다.

자주 만나는 졸업생들 중 몇이 지금까지 동창회 활동의 주축이 되어 장학회도 만들어 운영하고 있다.

이들에게 건양중·고등학교는 '꿈꿀 수 있는 기회의 공간'으로 기억되고 있었다. 대부분 형편이 어려운 시절, 건양중·고등학교는 도회지로 나갈 돈이 없어 선택한 학교였다. 그렇게 들어온 학교가 대도시에서도 보기 힘든 시설을 갖추고 있었으며, 실력 있고 열정적인 교사들이 품어주었다. 무엇보다도 미래에 대한 도전의 용기를 심어 주었다. 이 모든 것에 대해 이들은 이구동성 '정말 큰 혜택이었다'며 고마워한다.

나는 지금도 이따금 자식뻘 되는 이 친구들과 골프모임을 하고 있다.

내가 불러서 오는 게 아니라 동창회 모임에서 나를 초대해 줘서 간다. 얼마나 고맙고 반가운지 아무리 바빠도 이들과 함께 하는 한나절의 행복만큼은 절대 포기하지 않고 있다.

스승과 제자라는 위계가 있고 세대 간의 격차가 현저함에도, 우리 사이에는 '건양'의 이름으로 공유되는 특별한 가치가 있다. 이들이 장학회를 만들어 벌써 수년째 후배들의 성장과 학교발전을 위해 힘쓰고 있다는 말을 듣고 나는 '과연 건양 출신답구나!' 하며 뿌듯했다.

"이 학교가 없었다면 저희가 이렇게 번듯한 어른으로 성장하지 못했

을 거라 생각합니다. 우리가 여기서 받은 것 정도는 후배들을 위해 내놓고 싶다는 마음으로 시작했는데, 생각보다 많은 동문들이 참가하고 있어 다행입니다."

뭔가 건양의 졸업생으로서 설립자의 정신을 조금이라도 실천해 보고 싶었다는 이들의 말이 눈물겹도록 고마웠다. 직장생활을 하며 십시일반 모아 후배들을 지원하는 그 마음이야말로 자랑스러운 건양의 전통이다.

"특히 설립자님은 우리한테 정말 잊을 수 없는 분이시죠. 개교기념일이나 운동회 때면 전교생에게 빵을 나눠 주셨잖아요. 그 빵 맛은 지금도 잊을 수가 없거든요."

"맞아요. 그때 우리 학교 이사장님이셨는데, 빵을 꼭 3개씩 담아서 주셨던 걸로 기억해요. 크림빵도 있고, 단팥빵도 있고, 햄버거도 있었던가? 아무튼 그런 걸 처음 먹어봤거든요. 시골에 그런 게 어딨어요?"

건양고등학교 출신으로 어느덧 중년에 이른 남자들이 모여 추억의 크림빵을 떠올리며 싱글벙글 이야기꽃을 피우니, 나까지 그 시절로 돌아간 듯 즐거워진다. 설립자를 기억하는 가장 중요한 코드로서 빵이라니! 어딜 가나 아끼고 사랑하는 마음을 빵으로 표현하던 내 모습이 이들에게 행복한 기억으로 남았나 보다.

"하하하, 맞아요. 그런데 맛있는 빵도 감동이었지만, 저희들에게 다가오셔서 '너희들 공부하는 데 뭐가 필요하냐?'고 물어주시던 모습이 저는 참 인상적이었어요. 뭔가 정말 자식을 공부시키는 부모 같은 느낌이랄까요. 그리고 공부에 전념할 수 있게 필요한 모든 걸 다 해 주는 학교였으니, 건양이 우리에겐 중요한 인생의 요람인 셈이죠."

내가 늘 입버릇처럼 달고 다니던 '할 수 있다'는 말이 학생들에게는 중요한 동기부여가 되었다고 한다. 이들은 모두 가난한 시골 출신이지만 할 수 있다는 의지로 노력하여 성취해 낸 장본인들. 이들의 삶이 내 삶의 성적표가 아닌가 한다. 그리고 어쩌면 이 모습이 바로 건양인의 DNA가 되어 오늘도 세상에 도움이 되는 인재들로 성장 중일 수 있다는 생각에 마음이 뿌듯함으로 가득 채워진다.

'나는 할 수 있다'는 신념

어느 분야에서 '최고'의 위치를 점하기 위해서는 그에 맞는 재능과 노력이 필요하지만 시운도 따라야 한다. 대신 '유일'은 좀 다른 것 같다. 용기를 갖고 과감하게 도전하면 누구든 한 분야에서 유일한 존재가 될 수 있다고 생각한다.

중고생들에게 장래희망을 물으면 대답할 수 있는 사람이 별로 없다고 한다. 본인이 뭘 원하는지도 모르면서 특정 대학, 특정 학과를 목표로 공부한다는 건 사실은 대단히 비정상적인 현상이다. 왜 가는지, 어디로 가는지도 모르고 무작정 걷고 뛰는 것과 다를 바 없다.

남들이 다 몰리는 길을 따라가는 건 어쩌면 쉬운 일이다. 하지만 그 길을 가면 '여러 사람 중 한 사람'(One of them)은 될 수 있지만 '오직 나'(Only me)는 될 수 없다.

내가 그렇게 살았기 때문에 후학들에게 자신 있게 말할 수 있다. 그래서 나는 늘 이렇게 말한다.

"하면 된다니까! 그러니 우선은 해보자고."

학교를 만들고 이끄는 내내 나의 머릿속은 오직 젊은 학생들과 열정을 갖고 이들을 가르치는 교수들로 가득 차 있었다. 좋은 교수님들과 더불어 제대로 잘 가르치는 대학을 만들고 싶었다. 학생들에게 '행복하게 잘 사는 삶'의 이치를 깨우쳐 주고 싶었고, 그럴 수 있는 현실적 힘을 길러 주고 싶었다. 이런 목표를 위해 내가 그동안 했던 수많은 말들 가운데 딱 한 가지만 골라보라고 한다면, '할 수 있다'는 자신감이다.

'나는 왜 안 되지?' 하는 순간 안 되는 길로 접어들 수밖에 없다. 솔직히 할 수 있다는 자신감을 빼면 젊은 청년들에게 달리 무슨 자산이 있겠는가? 스스로를 믿지 못하는데 하물며 무슨 힘으로 미래로 나아갈 수 있을 것인가?

지방대 학생들 중 상당수가 서울에 있는 대학에 못 갔다는 열등감을 가지고 있지만, 이런 생각은 스스로를 가두는 덫이 될 뿐이다. 나는 그걸 없애고자 무진 애를 썼다.

그 결과 최소한 내가 몸 담고 있는 건양대학교에서만큼은 상당 부분 변화의 가능성을 확인했다. 도저히 안될 거 같았지만, 목표를 가지고 노력하면 토익 점수가 900점을 넘는 일은 실제로 가능하다. 이런 건 결코 기적이 아니다. 몇몇 빼어난 학생들의 성공 스토리도 아니다. 낮은 점수와 낮은 자존감은 결코 머리가 나빠서가 아니라 안될 거라는 포기의 심리에서 비롯된 것임을 학생들은 직접 자신의 경험을 통해 확인할 수 있었다. 그동안 한 번도 그 한계를 벗어나고자 시도하지 않았을 뿐, '해보니까 되더라'는 경험은 이들에게 인생을 대하는 엄청난 시각의 전환을 가져다주었다.

한 번이라도 그 한계를 넘어서 보면, 그 다음부터는 완전히 다른 세상이 된다. 가파른 봉우리 하나를 오른 사람은 밑에서는 보이지 않았던 새로운 봉우리들이 시야에 들어온다. 그리고 눈앞에 보이는 새로운 정상에 오를 방법도 알게 된다. 이게 바로 내가 실전을 통해 깨달은 교육의 본질이다. 다시 말하지만, 정말이지 '하면 된다!' 이 말을 믿기를 진심으로 바란다.

우리나라 청년들은 지금도 충분히 지혜롭고 무엇이든 이룰 수 있는 능력을 갖추고 있다. 세상을 좀 더 긍정적으로 바라보고 최선을 다하는 모습을 가진다면 분명히 성공과 행복을 이루는 날이 올 것이라고 나는 확신한다.

아무리 현실이 어려워도 노력하면 못 할 것이 없다는 사례는 얼마든지 있다. 흔하게 드는 예로 퇴계 이황, 헬렌 켈러가 그랬다. 세계적 경영인으로 꼽히는 마쓰시타 고노스케는 자신의 성공 비결을 어릴 적 부모를 여의고, 초등학교 4학년밖에 못 다녔던 학력과 남들보다 약한 몸 덕분이라 말한다. 남들이 말하는 불리함이 그 자신을 일으켜 세우는 원동력이 되었다는 얘기다.

이들은 평범한 사람들보다 더 불리한 조건 속에서 출발했지만, 남과 비교하며 자기 현실을 비관하는 대신 자신이 정말로 바라는 일에 집중했다. 타고난 불행조차 도약의 발판으로 삼을 줄 알았다. 이런 태도의 차이가 어떤 인생을 만드느냐의 차이다.

대학총장으로서 내가 가장 심혈을 기울인 것은 학생들에게 할 수 있다는 자신감을 불러일으키는 일이었다. 처음 학생들을 만나 얘기를 나눠본 나는 생각보다 학생들이 가지고 있는 패배감이 상당하다는 걸 알았다. 지방에 있는 대학, 그것도 공립이 아닌 사립대학. 이런 학교에 올 수밖에 없는 자신의 한계에 눌려 졸업 후 무엇을 할 것인지에 대해서도 거의 기대감이 없어 보였다. 당연히 자존감도 바닥 수준이었다. 이 모든 게 잘못된 기준과 서열이 만든 폐해다. 이걸 뜯어고치는 데 사활을 걸었다.

실지로 교정에서 만나는 학생들은 한 사람 한 사람이 그렇게 어여쁠 수가 없다. 모두 내 손주 같고 자식 같다. 내 손주가 '인 서울'을 못해서 기죽어 있는 꼴을 나는 볼 수 없어, 틈만 나면 칭찬하고 보듬어 준다. 모두가 소중한 존재임을 어떻게든 알려주고 싶다.

교수들에게도 학생들에 대한 칭찬을 아끼지 마시기를 당부하곤 한다. 손톱만한 것 하나만 잘해도 칭찬을 하고 인정해 주면 아이들의 표정이 달라진다. 뭔가 해보고자 하는 의욕이 생기고 눈빛에 생기가 돌아난다.

그런 작은 노력들이 학생들을 변화시켰다. 조금만 기다려 주면 결국 그들은 기대 이상의 결과를 만들어낸다. 실은 대부분이 다 그럴 수 있는 학생들이다. 고등학교 다닐 때 뛰어난 성적이 아니라는 이유로 관심과 눈길을 제대로 못 받았던 그들의 가슴에 서서히 뜨거운 에너지가 살아나기 시작한다는 걸 나는 분명히 느낄 수 있었다.

이런 아이들에게 좋은 시설과 좋은 커리큘럼을 제공해 주는 데 유난히 공을 들인 건, 기죽지 말고 네 안의 가능성을 마음껏 펼쳐 보기를 기대해서다. 수도권 어느 대학 못지 않은 첨단 시설과 세련된 환경 속에서 마음껏 웃고 뛰며 젊음을 발산할 수 있기를 바랐고, 청년다운 기상을 펼치기를 원했다. 최소한 그런 걸로 위축될 일은 없도록 하고 싶었다.

이를 위해 한 사람 한 사람에 대한 세밀한 관심과 격려가 가능한 교육시스템을 구축하는 데 상당히 애를 썼다. 일상적으로 학과 공부와 진로에 관련된 상담을 할 수 있도록 하고, 영어든 전공이든 집중적인 학습으로 실력 향상을 이루도록 커리큘럼과 수업 방식까지 가장 효율적인 방식을 도입하고자 노력했다. 이로 인한 과도한 업무로 교수와 교직원들의 불만도 있었지만, 그보다 더 중요한 게 학생들의 꿈을 펼칠 권리이기 때문에 나는 다소의 무리를 감행하기도 했다.

세상 탓하고 남 탓하고만 있기에는 인생은 그리 길지 않다. 나는 우리 청년들이 한 번쯤 날개를 펼치고 훌쩍 날아오를 준비를 지금부터 시작하는 사람이기를 진심으로 바라고 있다.

스스로 길이 되어 걸어가라

삶은 선택의 연속이다. 선택으로 삶의 방향이 바뀌기도 하고 사는 이유가 분명해지기도 한다. 남들이 하는 대로 사는 사람도 있고 자신의 신념을 굽히지 않고 그것을 견지하며 사는 사람도 있다. 삶의 다양성은 여기에서 비롯한다.

인디언 속담에 '한 아이를 키우기 위해서는 온 마을이 필요하다'는 말이 있다고 한다. 사회적 성숙을 위해서는 부모의 양육 외에 기성세대의 역할이 꼭 필요하다. 그것이 사회적 멘토링이다.

미래 주역이 될 젊은이들이 신체적으로나 정신적으로 건강하게 살아갈 수 있도록 이끌고 지지해 주는 것이 어른의 역할이다. 미성숙한 세대는 앞선 세대를 보고 세상 사는 지혜와 힘을 배워 나가게 되는데, 어른들에게는 바로 그러한 역할을 수행해 줘야 할 책임이 있다.

본래 인간은 사랑하고 존경하는 어른에게 인정받고 사랑받기 위해 그 어른이 옳다는 언행을 하고 그 어른을 닮아가며 정서적으로 성숙해

간다. 물론 나이를 먹었다고 모두 어른이라고 할 수 있는지는 좀 생각해 볼 점이 있을 것 같다. 내가 말하는 어른이란 단지 생물학적인 '나이'의 개념이 아니라 사회적, 인격적으로 성숙한 존재를 의미한다. 인생의 경험을 먼저 한 만큼 현명하고 지혜로운 사람이 되었을 때 비로소 다음 세대에게 긍정적 역할을 해줄 수 있다.

그 다음 중요한 어른의 덕목은 너그러움과 이타적인 삶의 태도이다. 자신의 욕망을 앞세우기 전에 타인의 어려움을 볼 줄 알아야 하며, 부당한 권력에 대항할 용기도 있어야 한다. 이런 어른이 든든히 버티고 있을 때 젊은 세대는 자연스럽게 그런 삶의 태도를 배우게 된다.

또 하나 중요한 것이 있다면, 가정을 돌봐야 하는 책무에 충실하며 절제하는 삶을 통해 아이들에게 모범이 되어야 한다. 무조건 훈계부터 하기보다는 질문에 대해 성실하게 답해 줌으로써 존경을 쌓아간다면, 자녀들은 인생의 어려운 고비마다 조언을 청하며 삶의 지침으로 삼을 것이다.

이러한 덕목을 갖춘 어른들이 많을수록 세상은 확실히 더 건강하고 따뜻한 사회가 될 것이다. 내가 자라면서 부모님과 마을 어른들로부터 이런 돌봄을 경험할 수 있었기에 나의 성장은 무사하고 무난할 수 있었다고 믿는다. 최소한 그때는 '어른'이라는 개념이 있었고 사회적 역할이 작동할 수 있었기 때문이다. 이것은 어떤 제도나 교육의 결과가 아니라 조상들로부터 내려온 공동체적 삶의 전통이다.

슬프게도 지금은 마을의 아이들을 지키고 함께 키워 줄 어른들이 별로 없는 시대를 살고 있다. '어른 부재의 시대'다. 고령화 사회에 웬말이냐 하겠지만, 어른들의 보호와 지도하에 다음 세대를 성장시키는 사회적 풍토가 더 이상 존재하지 않는다는 걸 말하는 것이다.

여기엔 먼저 어른들이 어른으로서의 권위를 인정받을 수 없도록 잘못 처신한 책임이 있을 것이다. 권위를 주장하되 덕으로써 감싸고 스스로 본이 돼 주지 못했던 부족함이 젊은 세대들로 하여금 '꼰대'라는 비난을 하게 했는지 모른다.

한편으로는 앞선 권위에 저항하며 나이든 세대가 물러나야 자신들의 시대가 열릴 거라는 식의 태도를 보이는 젊은이들도 있다. 이들은 노인이나 기성세대에 대한 반감을 넘어 일종의 혐오감정까지 드러내고 있으니 참으로 개탄스런 일이 아닐 수 없다.

어디부터 잘못되었는지, 이 비틀리고 꼬인 실타래를 제대로 풀지 못하면 미래는 더 암담할 것이다. 어른이 어른으로서 역할을 할 수 없는 시대는 젊은 세대의 올바른 성장 또한 보장하지 못하기 때문이다. 존경하며 의지할 어른이 없는 젊은 세대의 삶 역시 고독하고 위태롭다.

참 쉽지 않은 문제지만, 이 문제를 풀기 위해서는 결국 어른들이 먼저 나서는 것이 필요하다고 본다. 누구도 원하지 않는 억지 권위를 주장하기보다 관대한 포용과 사랑의 마음으로 미래에 대한 불안으로 흔들리는 젊은이들에게 다시 '의지할 수 있는 든든한 언덕' 역할을 해야 한다.

힘겨워하는 청춘들에게 간섭 아닌 관심을 먼저 보여야 한다. 그들의 현재 고민에 대해 이해하고 인정하며, 딛고 일어설 지혜를 나눠줘야 한다. 버르장머리 없는 젊은이들을 나무라기 전, 먼저 다가가고 먼저 마음을 여는 것이 아무래도 더 어른다운 일이다.

나는 지금의 20대 청춘들에게는 할아버지뻘 되는 노인이지만, 현실 가능한 노력을 꾸준히 실행해 보았다. 통학하는 학생들의 스쿨버스에 같이 올라, 학교생활에 대한 어려움도 듣고 자질구레한 대화들을 종종 나눴다. 처음엔 어색함과 불편함을 느끼던 학생들도 두 번, 세 번 다가와 말을 걸어오는 노인에게 점차 마음의 문을 열고 더 많은 고민을 나누는 단계까지 다가왔다. '총장오빠'라는 별명은 이런 과정에서 나온 이름이었다.

총장으로서의 권위와 무게감을 다 내려놓으니, 할아버지 앞에 재롱을 떨 듯 유쾌한 농담도 하고, 학교생활에 필요한 부탁도 해왔다. 졸업 이후의 진로에 대한 진지한 고민을 털어놓는 학생도 생겼다.

이 모든 게 내가 먼저 다가가 손을 내밀었기에 벌어진 변화였다. 학교 총장으로서 공식행사에서만 볼 수 있는 이와 직접 얼굴 마주보고 이야기하는 사이가 된다는 건, 학생들에게도 꽤 긍정적이고 유익한 경험이었으리라 생각한다.

학생들 가운데는 90 평생 의사로, 대학총장으로 살아가는 나에 대한 관심도 많았다. 허름한 잠바에 모자 차림으로 교정의 꽁초를 줍는 모습에 대한 솔직한 생각을 털어놓기도 했다. 저 어른이 누군가 의아해하다가, 진짜 총장이라 하니 의외였다가, 꾸준히 학교 청소를 하는 모습에선 진짜 감동이 되고 자기도 저절로 꽁초를 줍게 되더라는 얘기다. 어떤 학생은 성공과 실패에 관한 질문을 하기도 했다.

"총장님은 늘 하면 된다고 말씀하시는데, 한 번도 실패하신 경험은 없나요? 성공한 인생을 살기 위해서는 어떻게 해야 할까요?"

어쩌면 대학생활 내내 한 번도 만날 일이 없을지도 모를 총장과 학생들의 관계에 이런 대화가 가능하다는 게 나는 우선 기뻤다. 그래서 가장 필요하고 도움이 되는 이야기를 들려주고자 애를 썼다. 눈을 반짝이며 귀 기울이는 학생들에게 나의 이야기가 조금이라도 용기가 되고, 힘이 될 수 있다면 그 이상 기쁜 일은 없을 것이었다.

누구나 실패하며 살아간다. 한 번도 실패를 해보지 않았다는 건 어쩌면 뭔가를 시도하거나 도전하지 않았다는 얘기도 되기 때문에 오히려 부끄러워할 얘기일 수도 있겠다. 마음먹은 대로 일이 되지 않을 때, 가장 빠지기 쉬운 유혹이 뭔가 하면 '다른 사람이나 상황을 탓하는 일'이다. 내가 문제가 아니라 ○○때문이야. 부모가 가난하기 때문이야. 미국에서 태어나지 못해서일 거야. 그렇게 남 탓을 하고 나면 당장 맘은 편할지 모르겠지만, 그걸로 해결할 수 있는 건 아무것도 없다.

사실은 실패할 수밖에 없었던 이유에 대해 본인은 어느 정도 알고 있다. 그 일을 성취하기 위해 내가 들인 노력의 실체를 속속들이 잘 아는 건 자기 자신이기 때문이다. 충분하지 못했던 노력, 정도(正道)를 걷기보다는 자꾸 쉬운 길을 엿보려던 마음, 그러느라 아까운 시간이 허비되었던 사실. 찜찜하고 개운하지가 않다.

문제의 원인을 자꾸 외부에서 찾으니 진정한 해결의 실마리를 바로 찾지도 못한다. 사회 구조적 문제를 탓하려면, 바로 사회개혁 운동에 뛰어들어야 하지 않을까. 부모가 충분히 뒷받침해 주지 못한 탓이라고 말한들 그걸 바꿀 수 있을까? 아무런 해결의 실마리를 주지 못하는 잘못된 진단이다. 그런 환경의 어려움과 불리함이 있더라도 그게 정말로 결정적인 이유가 되지는 못한다.

개인 차원에서 할 수 있는 노력과 해법은 바로 자기 자신에게서 찾아야 한다. 나를 들여다보고, 성장의 기회로 삼아야 하는 것이다. 그래야 다음 번 시도에서는 지금과는 다른 결과를 만들어 낼 길이 열린다.

물론 상심한 자아에 대한 위로는 필요하다. 다시 기운 내서 일어날 수 있기까지 다독이고, 노력했던 과정에 대해서만큼은 인정하고 그걸 주변에서 함께 지지해 주는 사람들이 있다면 한결 힘이 될 것이다.

달리기를 하면서 중간에 멈춘 사람이 목표지점까지 갈 방법은 없다. 성공하는 비결이 무엇이냐는 물음에 대해 나는 '절대로 포기하지 않는 것'이라는 말로 답하곤 했다. 여러 조건과 역량의 차이에도 불구하고 끝까지 달린 사람에게만 성공의 이름표를 달아줄 수 있다.

지금도 성공을 향해 한 걸음 한 걸음을 옮기고 있는 청춘들에게 이 고개만 넘으면 머잖아 정상이 드러난다는 것을 믿기를 간곡히 부탁하고 싶다. 힘들어도 끈기 있게 걸음을 멈추지 말고 앞으로 나아가는 것만이 우리가 도달할 성공의 비결이다.

'지금'을 살아가라

세상에는 값나가는 '금'이 세 가지가 있다고 한다. 하나는 '황금'이고, 또 하나는 '소금'이요, 마지막 하나는 '지금'이다.

황금이란 경제적 여유를 뜻한다. 사람들은 평생 이것을 취하기 위해 노력하며 일을 한다.

소금은 건강을 의미한다. 세상 그 어떤 일도 건강이 바탕이 되지 않으면 아무것도 할 수가 없다. 돈과 출세를 위해 일하려 해도, 남을 위한 봉사를 할 때도 건강이 뒷받침되지 않고는 할 수 있는 게 없다. 건강을 지키고 유지하는 것이야말로 물질보다 더 귀한 것이라 할 수 있겠다.

마지막 금인 '지금'은 시간이다. 세 가지 금 가운데 가장 귀하고 근본이 되는 금인 것 같다. 태어나서 죽는 날까지 모든 만물에게 공평하게 주어지는 것이 시간이다. 돈을 주고 살 필요가 없으니 그 가치를 못 느끼고 살아가지만, 지금 내게 주어진 시간은 어떤 일이나 목표를 달성해 가기 위한 일체의 행동을 할 수 있는 '기회'다. 지혜로운 사람은 공

나는 의사로서 건강의 중요성도,
황금 귀한 줄도 잘 아는 사람이다.
그러나 세상을 살면서 가장 소중하게 생각했던 것은
매 순간의 시간, 바로 '지금'이었다.
그 지금에 충실하면서 살고자 했다.

짜인 듯 주어지는 이 시간의 의미를 절대 허투루 보내지 않는 사람이다. 통찰력을 가지고 '지금'의 의미를 파악하며 소중한 기회를 최대한 살리는 데 집중한다.

나는 의사로서 건강의 중요성도, 황금 귀한 줄도 잘 아는 사람이다. 그러나 세상을 살면서 가장 소중하게 생각했던 것은 매 순간의 시간, 바로 '지금'이었다. 그 지금에 충실하면서 살고자 했다.

과거에 대한 후회와 미련도, 미래에 대한 걱정과 불안도 내가 살아 숨 쉬고 있는 이 순간만큼의 의미를 갖지 못한다. 그러다 보니 시간이 어떻게 흐르는가를 별로 의식하지 못하고 살다가 생일날이 되어서야 내가 벌써 이렇게 많은 세월을 살아왔구나 하는 걸 실감하곤 한다. 대단한 걸 이뤘다고 할 순 없어도, 나는 항상 '지금'의 시간에 깨어 행동하고 실천하기를 즐기는 삶이고자 노력했다. 나이에 비해 왕성한 활동을 할 만큼 건강을 유지하는 것도 다 이런 이유 때문인지 모르겠다. 살다가 난관에 부딪쳐도 그 어려움에 비관하고 짓눌리기보다는 어떻게든 헤쳐 나갈 생각을 먼저 하곤 하는데, 이런 긍정적인 태도 역시 지금을 소중히 여기며 부지런히 움직이는 습관의 산물이다.

그러고 보니 나는 이 세 가지 귀한 금을 제법 효율적으로 운영하며 살았던 것 같다. 지금을 소중히 여기며 매 순간 깨어 살아가다 보니, 건강도 얻고 돈도 벌었다. 삼위일체의 '금'을 모두 누리는 비결이 여기 있었던 것 같다. 그러므로 나와 인연 맺은 모든 사람마다 이 세 가지 귀한 금의 의미를 바로 알고 잘 간직하며 살기를 바라는 마음이다.

사람들은 아직 오지 않은 미래에 대한 걱정을 하거나, 이미 지나가 버린 과거에 대한 미련으로 시간을 허비하는 경우가 너무나 많다. 그러나 행복한 인생을 살아가고자 한다면 그런 태도부터 바꿔야 한다. 수많은 '지금'이 모여 나의 평생을 이루는 법이다. 지금 보람 있고, 지금 행복한 일에 집중하는 것이 전체적인 삶을 성공시키는 비결이다.

오래전 본 영화 중에 〈죽은 시인의 사회〉가 있다. 여기에서도 이 주제와 관련된 인상적인 대목이 나온다. 주인공인 키팅 선생이 학생들에게 '카르페 디엠(Carpe diem)'이라는 말을 들려주는 장면이다.

"현재를 즐겨라. 시간이 있을 때 장미 봉우리를 거두라."

키팅 선생은 학생들에게 이 구절을 들려주고 그 의미를 물었다. 정적 속에 자신을 집중해서 바라보고 있는 학생들에게 그는 대답한다.

"왜냐하면, 우리는 반드시 죽기 때문이지."

삶은 유한하고, 한번 흘러가 버리면 다시 돌아오지 않는 인생을 강조한 것이다. 선생의 말을 들은 학생들의 눈이 잔잔한 감동의 빛으로 반짝이던 게 기억난다. 영화를 보는 내가 다 가슴이 뜨거워질 정도였다.

사람들 중에는 이 '즐기라'는 말을 그저 '놀고 먹는' 향락의 의미로 오해하는 경우도 있지만, 본래 의미는 '오늘을 잡아라'(Seize the day), 즉 '오늘을 충실하게 살아라'라는 의미가 강하다. '순수한 자유

의지'를 강조하는 말이다. 수업을 마무리하며 키팅 선생은 학생들에게 이렇게 말했다.

"카르페 디엠! 소년들이여, 너의 삶을 비상(飛上)하게 만들어라!"

나에게 감동적으로 남은 그 영화 속 명대사를 빌려, 나는 지금 모든 사람들에게 다시금 나의 진심을 전하고 싶다.

"카르페 디엠! 미루지 말고, 안 된다고 하지 말고, 현재를 즐기시라! 지금 시작하시라! 남들이 정한 길만 생각하지 말고, 이 세상에 단 하나뿐인 자기 자신만의 가치를 찾아 나가시라. 당신은 할 수 있다."

내 사랑 건양 청춘들을 위한 응원가

교육자로서의 나의 특성을 한마디로 요약하라고 하면, 나는 주저하지 않고 '학생 사랑'이라고 말할 것이다. 어느 선생님이, 어느 교육자가 학생을 사랑하지 않을까마는 나의 학생 사랑은 내가 생각해도 유별나다. 그 누구와 겨루어도 학생 사랑만큼은 자신이 있다. 학교를 설립하겠다고 마음먹은 순간부터 학생들은 나의 뇌리를 떠나지 않았다. 학생들을 머리에 떠올리기만 해도 힘이 났다. 학교에 관한 그 어떤 생각이나 정책도 '학생'을 먼저 생각하지 않은 것은 하나도 없었다.

학생들의 기를 살리기 위해 '학생 제일주의'라는 학교 정책을 세웠다. 이 정책을 제대로 운영하기 위해서는 학생들과의 진정한 소통을 통해 그들의 요구를 파악해야 했다. 나뿐만 아니라 모든 교직원에게 학생들의 요구를 수시로 듣고 이를 학교 정책에 즉각 반영하라고 요구했다. 나 자신도 강의실에서, 학교 통학버스에서, 교정에서 학생들과 대화를 나누며 그들의 이야기를 수시로 들었다. 작은 이야기 하나 놓치지 않고 수첩에 기록했다가 가능한 한 학교 정책을 통해 처리해 주었다. 학교시설은 물론 학습방법, 각종 장학금에 이르기까지 학생들을 위한 것은 조금도 양보하지 않고 각양각색의 방법을 생각해냈다.

나는 봄학기에 학과별로 신입생을 전부 만나 그들의 이야기를 들었다. 그리고 가을 학기에는 졸업을 앞둔 4학년생 전부를 만났다. 또한 수시로 기숙사 방을 찾아가 기숙사생들의 고충을 듣고 제도를 개선하려고 애썼다. 뿐만 아니라 학생회 간부들, 외국인 학생들, 기숙사생들과도 수시로 만나서 밥도 같이 먹고 많은 이야기를 나누었다. 대화를 통해 그들의 고민과 희망을 읽었고 그것을 학교 정책에 반영했다.

나는 학생들에 대한 나의 진심을 전하고 싶었다. 그래서 새벽 3시에 학교 도서관에 가서 벼락치기 공부하는 학생들에게 빵과 우유를 제공하고 열심히 공부하도록 응원해 주었다. 매주 목요일마다 아침 7시에 주요 보직자들과 만나 교정 곳곳을 돌아보며 문제가 있는 곳을 찾아 개선하려고 애썼다. 노인네가 아침잠이 없어서 일찍 나오니 젊은 학처장들이 힘들어한다는 얘기를 들었다. 내가 새벽잠이 없다니, 천만의 말씀이다. 나도 새벽에 잠이 쏟아져서 일어나고 싶지 않다. 그러나 졸린 눈을 비비고 억지로 일어나서 병원이나 학교를 한 바퀴 돌고 나야 안심이 되었다. 병원을 돌고 난 후에는 집에 와서 다시 한 시간가량 눈을 붙인다. 그리고 일어나 아침을 먹고 다시 병원과 학교로 출근했다.

학교를 설립하겠다고 마음먹은 순간부터
학생들은 나의 뇌리를 떠나지 않았다.
학생들을 머리에 떠올리기만 해도 힘이 났다.
학교에 관한 그 어떤 생각이나 정책도
'학생'을 먼저 생각하지 않은 것은 하나도 없었다.

나는 학생들의 학구적인 활동에 제일 관심이 컸지만 이들의 인간적 성숙에도 그에 못지않게 관심이 많았다. 교육에는 지, 덕, 체의 세 요소가 있다. 지적인 활동과 문화적 활동 그리고 신체적 활동이 균형 있게 이루어져야 제대로 된 교육이 이루어질 수 있다.

나는 일제 강점기에 학교를 다니면서 인문과학과 문화예술에 대한 교육을 받을 기회가 없었던 것이 늘 안타까웠다. 또한 논산이 큰 도시에서 떨어져 있는 작은 농촌 도시로, 수준 높은 문화적 활동이 거의 없는 곳이어서 나의 안타까움은 더욱 가중되었다.

이를 위해 콘서트홀에서는 음악, 연극, 발레뿐만 아니라 인문학 강의를 비롯한 다양한 문화예술 활동을 진행하였다. 전국의 명사들을 초대해 인성교육을 위한 인문학 강의를 하였고, 서울에서 발레공연, 연극공연, 고전 음악회, 국악 연주회 같은 고급문화활동도 유치하여 학생들에게 다양한 장르의 수준 높은 예술 공연을 감상할 수 있는 기회를 제공했다. 우리 건양 학생들이 품격 있는 문화인으로 성장하는 것을 보는 것이 나의 큰 기쁨의 하나였다.

나는 학생들이 학교에서 많은 시간을 머물기를 원했다. 그래서 그들이 학교에 오래 머물 수 있도록 그들이 원하는 활동시설은 다 해주었다. 건양 체육관은 최신 시설을 갖추어 학생들이 건강을 챙기고 다양한 체육활동을 하도록 했고 학과별, 개인별로 다양한 체육경기를 통해 건전한 육체와 스포츠맨십을 키우도록 했다. 또한 학생회관에 작은 무대,

탁구대, 전자 오락기기, 노래방 시설을 설치하여 체육관까지 가지 않고서도 공부하는 사이사이로 학생들이 간단한 운동을 하고 노래방에서 노래하며 심신을 쉬기도 하고 우정을 돈독히 키워나갈 수 있도록 지원했다.

나는 학생들이 참여하는 모든 행사에 가능한 다 참석하려고 애썼다. 처음엔 의무감과 책임감으로 참석했지만 점차 그들과 함께 하는 시간이 즐거웠다. 학구적 활동에, 체력 양성에, 문화 활동에 참여하고 있는 학생들을 보면 참으로 뿌듯하고 기뻤다. 학생들과 함께 있으면 나도 마치 20대로 돌아간 느낌이 들었다. 밥을 먹지 않아도 배부른 느낌이 이런 것이 아닐까 싶었다.

학생에 대한 총장의 공적인 의무로 시작했던 나의 활동들이 그들에 대한 할아버지의 사랑으로 바뀌었다. 내게 있어 우리 학생들은 건양에서 4년만 머물다 떠나는 손님이 아니라 평생을 함께하는 삶의 동반자로 여겨졌다. 그들은 나의 삶 속에서 항상 함께 살아 숨 쉬고 있다. 학생들에 대한 나의 이 진한 사랑을 그들이 조금이라도 느낄 수 있기를 소망한다. 아니 학생들에 대한 사랑이 짝사랑이라고 하더라도, 그들을 향한 무조건적인 사랑만으로 나는 이미 무한히 행복하다.

6.
'함께하는 삶'의 기쁨

아흔두 번째 맞는 생일

신록이 우거진 숲속에 앉아, 나는 사람들을 기다린다. 해마다 나의 생일엔 가족모임을 열고 있다. 올해는 우림농원 야외정원으로 일가친척과 지인들을 초대했다.

이 농원은 수십 년 전 아내와 함께 몇 평의 땅을 사들여 소일거리 삼아 나무도 심고 밭농사도 지으며 가꾸는 곳이다. 세월이 지나면서 차츰차츰 주변으로 넓히다 보니 제법 큰숲 하나를 이뤘다. 나무와 화초 가꾸는 일을 유독 좋아하는 아내는 틈틈이 이곳을 찾아 나무를 심고 정성을 쏟았다.

오래전 우리 부부가 심었던 어린 묘목들이 굵직한 나무로 성장해 있다. 자연의 시간과 인간의 손길이 조화롭게 협력하여 이룬 놀라운 성장에 볼 때마다 감탄이 절로 난다. 나무를 키운다는 건, 아이 하나를 양육하는 것과 비슷한 이치라는 걸 올 때마다 깨닫곤 한다.

입구에서 언덕배기를 지나 숲길로 접어드는 길은 가벼운 산책로로

생일이라고 찾아와 축하해 주고
나의 건강을 기원해 주는 사람들을 볼 때마다
내가 살아온 세월이 제법 괜찮았구나 하는 생각이 든다.
서로 의지하고 기대어 살 수 있는 인연들 없이
이 험한 세상을 살아가기가 참 힘들었을 텐데,
좋은 일도 나쁜 일도 함께 나눌 수 있는 가족과 벗들이 있어
외롭지 않게 인생이라는 먼 길을 걸어갈 수 있었다.
산다는 건 이런 재미구나 싶다.

제격이다. 부드러운 흙길의 감촉만으로 단단히 맺혔던 마음들이 풀어지니, 내게는 여기가 치유의 숲이다.

숲 한가운데엔 집도 한 채 지었다. 가족들이 이따금 들러 묵고 가는데, 숲이 주는 은혜를 우리만 누리기 아까워 때때로 대학 관계자들 모임이나 광산김씨 종친 모임도 이곳에서 하고 있다. 도심의 번듯한 건물에서는 느낄 수 없는 무한한 자연의 매력에 한번 와본 사람들은 이구동성 '참 부럽습니다'를 연발한다.

"어, 그래. 너희들 왔냐? 그래그래, 먼 길 왔구나. 여기 앉아라."

반가운 얼굴들이 속속 도착했다. 조카들이 무리를 지어 인사를 하고, 이종사촌들의 모습도 보인다. 멀리 로스앤젤레스에 사는 둘째 형님의 딸 용순이도 왔다. 6.25 때 폭격으로 부모형제를 모두 잃고 혼자 살아남은 아이다. 내 생일에 맞춘다고 딸과 사위, 손주들까지 대동하고 먼 길을 달려온 조카딸의 모습은 볼 때마다 대견하고 가슴이 뭉클하다. 모진 세월 무탈하게 잘 커주었고, 멋진 미국 할머니가 되어 잘 살고 있으니 그 또한 고마운 일이다. 언젠가 하늘에서 형님을 만나게 되면 공치사 좀 해도 될 듯하다.

일가친척과 가까운 지인들을 합쳐 대략 100여 명의 손님이 소나무 숲에 펼쳐진 천막을 꽉 채웠다. 여기저기 둘러앉아 이야기꽃을 피우는 모습을 보고 있노라니 흐뭇하기 그지없다. 지난설 때 다 만나지 못한 이들도 이날만큼은 대거 참석해 주니, 온 집안이 함께하는 최고의 명절 같다.

아들 용하가 가족 대표로 사회를 보며 인사를 했다. 참석하신 분들을 일일이 소개한 후 신숙원 전 부총장이 나와 건배사를 했다.

"오늘 총장님의 생신을 축하해 주시기 위해 가족, 친지, 친구, 동료분들을 비롯하여 정말 많은 분들이 함께해 주셨습니다. 더없이 건강한 모습으로 생신 맞으신 총장님께 축하의 인사드립니다. 그간 살아오시는 동안 의료계와 교육분야에서 총장님께서 이루신 빛나는 업적은 그 누구도 따를 수 없는 일이었다고 생각합니다. 주변 모든 분들을 따뜻이 돌보고 헌신하신 모습에 깊은 존경과 사랑을 바칩니다."

신 부총장은 이해인 수녀님의 '생일을 만들어요, 우리'라는 시를 낭송하며 나의 생일을 축복했다. 요즘 들어 시 공부를 하던 참이라 그런지, 구절마다 따뜻하고 아름다운 시의 언어들이 절절히 와닿았다.

생일을 만들어요, 우리

이해인

무언가를 새로이 시작한 날
첫 꿈을 이룬 날
기도하는 마음으로 희망의 꽃삽을 든 날은

언제나 생일이지요.

어둠에서 빛으로 건너간 날
절망에서 희망으로 거듭난 날
오해를 이해로 바꾼 날
미움에서 용서로 바꾼 날
눈물 속에서도 다시 한번 사랑을 시작한 날은
언제나 생일이지요.

아직 빛이 있는 동안에
우리 더 많은 생일을 만들어요.
축하할 일을 많이 만들어요.
기쁘게 더 기쁘게

가까이 더 가까이
서로를 바라보고 섬세하게 읽어주는
책이 되어요.

마침내는 사랑 안에서
꽃보다 아름다운 선물이 되어요.
늘 새로운 시작이 되고

희망이 되어요. 서로에게….

시를 읽는 동안 사람들의 표정이 한결 따뜻하고 정겹게 피어났다. 이렇게 오랜 시간을 함께 기억하고 축복하며 살아가는 관계의 소중함이 더 절실히 느껴졌다. 어린아이 때 쏟아내는 모든 언어가 시와 같다더니, 이렇게 나이를 먹다 보면 다시 또 시의 마음을 알게 되는 것 같다. 시를 짓는 데까지 나가지는 못해도, 읽고 즐거움을 느낄 수 있게 된 것만으로도 삶의 즐거움이 하나 늘어난 것 같다.

시인이 된 나의 조카 용희도 직접 지은 시를 내게 선물했다. 예전 형님 댁에서 신세를 지며 학교를 다닐 때부터 유난히 나를 따랐던 이 아이는 예전에도 나를 주제로 시를 지어 나에게 감동을 주곤 했다. 조카는 내 살아온 모든 날을 '열정의 탑'이라는 멋진 제목의 시로 지어 낭송했다. 생일날 조카딸의 시를 선물 받는 사람이 세상에 얼마나 될까? 부모 대의 우애가 각별했던 것처럼, 그 자식들까지 사랑과 존경의 마음으로 살아간다는 게 참으로 행복했다.

열정의 탑

김용희

나뭇잎 겹겹이 짙푸른 초여름

논산 양촌면 남산에 경사 났네.
1928년 용띠 사내아이 울음소리 우렁찼다.
2019년 그의 웃음소리 더욱 크고 넓게 울려 퍼지네.
건양대학교 총장, 김안과 이사장님,
그보다 더 높으신 우리 작은아버지!

자나 깨나 고향 생각
고향의 청소년들 마음에 깊이 안고
세상 제대로 읽고 함께 살아가자고
사람 만드는 빵 총장, 총장 오빠 되셨네.
바로 나의 자랑스러운 작은아버지시네.

어린 시절 "이것 삼촌 갖다 드려라"
손으로 동그랗게 뭉친 누룽지 냄새
누가 볼까 조금 떼어먹고 입 씻고
삼촌 방문 빼꼼히 열고 "엄니가 이것 삼촌 갖다 드리래"
냉큼 받아가는 삼촌의 야속했던 뒷모습
조금만 주고 가지, 어른이 왜 저래?
그때는 왜 삼촌만 줄까
지금 생각해보니 우리 엄니의 살가운 시동생이니까
그런 정들이 차곡히 쌓여 남들은 무섭다는

작은아버지가 내겐 친구 같은가 보네.

항상 빛나는 청춘이신
우리 작은아버지
구순 생신의 노익장
늘 건강하시고 행복하시게
열정의 탑 높이, 넓게 쌓아 가시기를!

"매일이 생일이었으면 좋겠는데, 일 년에 하루밖에 안 오네요. 인생이란 게 백마가 달리는 것을 문 틈새로 보는 것처럼 삽시간에 지나간다는 말이 실감납니다. 여러분은 저의 가족이고 친구들로서, 기쁨도 함께 하고, 슬픔도 함께 하는 사람들입니다. 언제나 저에게 힘이 되어 주는 고마운 분들이지요. 오래도록 함께 행복한 대화 많이 나누었으면 합니다."

멋대가리도 없는 심심한 답사를 했다. 하지만 나는 '동고동락'의 의미를 함께 새기며 인연의 고마움을 전하고자 했다. 지금의 내가 있기까지 나 혼자의 힘으로 가능하지 않았음을 알기 때문이다. 돌아갈 때 선물로 나눠 드린 머그컵에는 최근 배운 서예 솜씨로 '同苦同樂' 네 글자를 새겨 넣었다. 기쁨도 괴로움도 함께 나누며 살아가는 따뜻한 유대가 오래도록 이어지기를 바라는 마음에서다.

아흔두 번째 생일을 맞는다는 건, 아흔두 번의 삶을 사는 것과 마찬가지인 것 같다. 누구랄 것 없이 유한한 인생. 언제 무엇이 닥칠지 모르는 안개 속을 살지만, 즐거움도 괴로움도 함께 나누고 보태며 살다 보면 하루하루 거뜬히 살아갈 수 있으리라. 다 아는 얘기겠지만, 내가 정말로 중요하게 생각하는 가족과 친지, 동료의 진정한 가치다.

술을 못하는 나는 포도주스로 잔을 채우고 반가운 이들과 인사를 나눴다. 요즘 건강이 어떠시냐는 말, 사업은 어려움 없이 잘 되시냐는 인사, 장성한 자식들의 안부, 내년에도 후년에도 이 자리에서 또 뵙자는 얘기를 하는 내내 유쾌한 웃음이 끊이지 않는다. 주름살 가득한 얼굴에서 어릴 적 추억과 혈기 왕성하던 청춘의 기억들이 생생히 살아온다. 누구와는 30년 전의 추억을, 또 다른 누군가와는 70년의 세월을 넘나들며 긴긴 이야기를 나눴다.

생일이라고 찾아와 축하해 주고 나의 건강을 기원해 주는 사람들을 볼 때마다 내가 살아온 세월이 제법 괜찮았구나 하는 생각이 든다. 서로 의지하고 기대어 살 수 있는 인연들 없이 이 험한 세상을 살아가기가 참 힘들었을 텐데, 좋은 일도 나쁜 일도 함께 나눌 수 있는 가족과 벗들이 있어 외롭지 않게 인생이라는 먼 길을 걸어갈 수 있었다.

산다는 건 이런 재미구나 싶다. 어제가 그랬던 것처럼, 오늘이 우리 생애 최고의 날임에 감사할 따름이다.

아내와 함께 하모니카를 연주하다

　즐거운 자리에 공연이 빠질 수 없다. 이번에는 특별히 우리 부부가 하모니카 연주를 하기로 했다. 근사한 연주의 감동을 줄 수는 없겠지만 오래 해로한 부부가 맞추는 하모니라면 나름의 감동이 될 거라는 자식들의 부추김을 못 이기는 척 따라 보기로 했다.
　좌중의 시선이 우리 두 사람에게 쏠리니, 이 나이에도 쑥스러운 기분이 든다. 그동안 병원이든 학교에서든 '한 말씀' 하시라는 자리는 수도 없이 많았지만, 사람들 앞에서 악기를 연주하는 건 난생처음이다. 아내는 악보 한 번 보고, 나 한 번 보고는 눈짓으로 신호를 보낸다. '자, 시~작!'

　　이 몸이 새라면 이 몸이 새라면 날아가리
　　저 건너 보이는 저 건너 보이는 작은 섬까지

단순한 연습곡이지만, 누구나 익숙하고 듣기에 편한 곡이다. 가사의 의미를 가만히 생각해 보니 어쩐지 지금의 내 나이와도 잘 어울리는 느낌이다. 새처럼 훨훨 날아, 저 건너 보이는 작은 섬의 안식을 기다리는 나이. 그 군더더기 없이 덤덤한 느낌이 마음에 와 닿는다.

연주를 마치자 박수소리가 들린다. 그런데 여기저기서 터지는 폭소가 더 크다. 그 짧은 연주에서조차 나의 평소 성미가 그대로 드러났기 때문이다. 아내는 아직 '저 건너 보이는'을 불고 있는데, 나는 이미 '작은 섬까지'를 마치고 있었다. 아내가 틀렸을 리는 없다. 또박또박 정확하게 악보에 그려진 속도를 지키는 건 언제나 아내다. 갈수록 급하고 빨라지는 나의 박자개념이 문제였을 것이다. 어쩌겠는가. 이럴 땐 나도 같이 파안대소하는 수밖에.

"앵콜! 앵콜! 앵콜!"

손주들이 앵콜을 선동하니, 전체가 앵콜을 외치며 즐거워한다. 별 수 없이 일어나긴 했는데, 할 줄 아는 게 하나뿐이다. 대신 이번엔 신경 써서 아내와 호흡을 맞추겠다고 했다.

'이 몸이 새라면~ 이 몸이 새라면~'

아까보다는 마음의 여유가 생겼는지, 연주를 하다 객석을 둘러보기도 했다. 연주를 따라 고개를 끄덕여 가며 박자를 맞추고 있는 사람들이 보인다. 마치 어린아이가 걸음마 떼는 걸 지켜보는 사람들의 표정이 저렇겠구나 싶은 생각이 드는 얼굴들이다. 조심조심, 그러나 기쁘고 대견한 마음으로.

연주에 맞춰 함께 노래를 부르는 사람도 있다. 나의 서툰 연주에도 크게 공감해 주는 그 모습이 더 감동이다. 그런데 잡생각이 많았는지, 이번에도 내가 먼저 마치고 말았다. 그래도 이번엔 반 박자만 빨랐으니 그나마 발전이라고 해야 할까.

연주를 마친 아내와 얼굴을 마주하고 웃는다. 평생을 보아도 한결같은 저 얼굴. 요즘 들어 이 사람 없이 내가 어찌 살았을까 하는 생각이 자주 들곤 한다. 네 살짜리 딸의 양육과 생활을 모두 맡기고 대책 없이 유학길을 떠나던 나에게 "여긴 제가 알아서 잘할 테니, 몸 건강히 잘 다녀오세요" 하며 격려해 주던 아내다.

인천항구에서 손 흔들던 아내의 모습이 얼마나 사무치던지, 가면서도 내내 마음이 착잡했다. 그러나 아내의 생활력은 대단했다. 내가 미국에서 공부하는 동안 미용사 자격증을 따서 개업을 해 생활을 유지해 나갔다. 혼자 아이 보며 미용일 했을 아내의 고생을 생각하면 지금도 면목이 없다.

평생 남편과 가정을 위해 희생하고 살아온 아내가 감당해야 할 과제는 그것 말고도 더 있었다. 아내는 20대 새색시 시절부터 조카에 시동생들까지 거두며 학교를 다 보냈다. 식솔들 치다꺼리에 힘겨워도 불평 한번 하는 법이 없는 무던한 사람. 속으로는 고맙고 미안하면서도 그걸 한 번도 표현하지 못했다. 고마우면 고맙다고, 미안한 건 미안하다고 말해주었으면 좋았을 걸 왜 그랬는지 모르겠다. 이제 남은 시간은 그동안 빚진 마음을 갚으며 살아야겠다.

서로의 빈 곳을 채워주는 게 부부라 했던가? 내 삶에 큰 가르침을 준 여성이 둘이 있는데, 바로 어머니와 아내다. 타인에 대한 배려와 넉넉한 베품의 미덕을 나는 이들로부터 배웠다. 나의 모난 성격을 잘 다듬어 주는 역할도 아내의 몫이었다. 그렇다고 잔소리 긴 타입도 아니다.

나의 불 같은 성질머리로 주변 사람들의 마음을 상하게 하고 온 날이면, 뒤에서 아내가 다 수습하며 달래주곤 하던 걸 나도 알긴 했다. 그러고 돌아와선 조심스레 한마디 할 뿐이다.

"제발 성질 좀 죽이세요."

나처럼 화내거나 큰소리로 말하지도 않는데 이상하게 마음이 풀리고 미안해지기까지 했다. 모난 돌 같은 내 마음을 다듬어 주는, 세상에서 유일한 사람이다.

이젠 더 이상 현모양처 모델이 바람직하지 않은 세상이 되었지만, 우리가 청춘이던 시절 여성들은 현모양처가 최고의 미덕인 줄 알고 살았다. 실제로 그 시절 대전에 있는 한 여고의 교훈이 '현모양처'였다. 이 말을 들으면 어떻게 그런 미개한 일이 있을 수 있냐고 할지도 모르겠지만, 그 시절의 가치관이 그랬다.

함께 산 세월을 돌아보니 내 아내야말로 현모양처의 전형이 아니었나 하는 생각이다. 어질고 현명하게, 그러면서도 강인하게 가족을 돌보며 살았던 사람이다. 특히 경제관념에 관한 한 아내가 나보다 한 수 위라는 건 인정해야겠다. 결혼 전 은행원으로 일했던 아내는 생활비를 아껴 저축을 하고 조금씩 불려 필요할 때 요긴하게 쓰곤 했는데, 덕분에 나는 IMF의 고비를 무사히 넘길 수 있었다.

세상에선 나에게 많은 걸 이룬 사람이라 칭송하지만, 아내 앞에서만큼은 '문제가 많은 사람' 이었다. 급한 성미로 화도 잘 내는 탓에 아내의 맘고생이 많았을 것이다. 밖에서 다 풀지 못한 화를 집에 돌아와 풀기도 했으니, 이제 와 그 미안함을 어찌 다 갚을지 모르겠다.

나는 의사 되는 공부만 열심히 했지, 인생을 즐길 수 있는 별다른 재주가 없는 사람이다. 반면에 아내는 타고난 품성이 온순하고 재주가 많다. 나이를 먹어서도 나의 옷가지와 손주들의 옷을 직접 손질하고 고쳐 입히곤 했다. 조경에도 탁월한 감각이 있어, 건양대학교 교정을 꾸미는 데 그 재능을 십분 발휘하기도 했다. 만약 지금과 같은 환경에서 태어났더라면, 아내는 현모양처가 아닌 또 다른 모습으로서 최고가 되었을 사람이라고 확신한다. 시대를 잘못 타고난 죄로 현모양처의 틀 안에서만 살았던 아내에게 나는 미안한 생각이 자주 든다.

다행히 세상은 변하여, 우리 딸들과 손녀들에게는 더 많은 기회의 문이 열리게 되었다. 성별과 인종에 따른 차별이 더 이상 당연시되지 않는 세상에서 그들은 누구의 아내, 누구의 어머니가 아닌 한 사람의 인격으로서 대접받고 꿈을 펼쳐갈 수 있다. 바람직한 변화다. 세상이 이렇게 달라지기까지 아내와 같은 이들의 헌신과 사랑이 바탕이 되었음을 자식들이 꼭 기억했으면 하는 마음이다.

자신의 꿈을 펼치는 대신 가족을 뒷바라지하는 일에 평생을 바친 아내가 어느 날인가 이런 말을 했다.

"당신 누구 덕에 이만큼 성공한 줄 아세요? 다 내 사주가 좋아 그 덕을 당신이 본 거랍디다."

정말 사주 때문인지는 모르겠지만, '아내 덕'이라는 말에 나는 아무런 이의가 없다.

"백 번 생각해도 당신 말이 맞네. 내가 성공한 인생을 살았다면, 그 절반은 당신 몫이지."

나는 요즘 길을 걸을 때 아내의 손을 꼭 잡고 다니는 일이 많다. 인생의 황혼기를 여전히 건강한 모습으로 동행하고 있는 아내가 진심으로 고맙고 미안해서다. 그런 내외를 보고 딸들이 한마디씩 한다.

"아버지는 엄마가 아직도 그렇게 좋으신가 봐? 맨날 저렇게 꼭 붙어 다니시네."

"그 시절에 자그마치 연애결혼을 하신 커플이라잖니. 세상에! 그땐 어디서 만나 데이트를 하셨을까?"

부모의 다정한 모습이 보기 좋아 그러는지 놀리는 건지, 딸들은 자꾸만 둘이 연애한 얘기 좀 해달라며 졸라대지만, 솔직히 얘깃거리가 될 만한 게 정말 없다.

친한 의대 동기동창의 집에 놀러 갔다가 보게 된 여동생, 그 '김영이'에게 한눈에 반한 게 이야기의 시작이다. 참하고 온순하면서도 웃는 얼굴이 해맑았던 처녀다. 나중엔 친구는 핑계고 그 여동생 보기만을 고대하며 수시로 드나들었고, 그러다 서로의 마음을 알게 되었다.

데이트는 언감생심이다. 요즘처럼 극장이 있나 카페가 있나, 마땅히 갈 곳도 없었다. 그저 공원을 걸으며 맴도는 게 전부인 데이트가 뭐 그리 재밌었을까. 제대로 연애를 했다고 할 수도 없는 얘기다.

그래도 신혼시절은 꿈 같은 날들로 기억된다. 남의 집 단칸방에 세 들어 살았지만, 서로에 대한 사랑과 미래에 대한 희망만큼은 남부럽지 않게 컸던 시절이다. 종이박스를 뒤집어 찬장으로 쓰던 남루한 살림살이. 그래도 이번 달에 그릇 몇 개 사고, 다음 달엔 양은냄비 하나 장만해 가는 기쁨은 이루 말할 수 없었다.

"울 엄마는 손금도 다 닳아 없어졌을 거야. 하도 일만 해서서."

언젠가 큰딸 용애가 안쓰러운 듯 제 엄마 손을 주무르며 그렇게 말하는 걸 들었다. 안 들은 척했지만 속으로 마음이 찡해 왔다.

아내는 정말 손에서 일을 안 놓는 사람이다. 평생이 한결같았다. 어느 정도 살림이 나아졌을 때도 아내는 부지런하고 검소한 생활을 바꾸지 않았다. 사치라는 걸 모르는 여자다.

살면서 아내가 가장 크게 기뻐했던 일은 아마도 김안과 개업하고 2년 만에 처음 우리 집을 장만했을 때였던 것 같다. 방 세 칸에 부엌도 딸린 한옥 집을 얼마나 좋아하던지. 아내는 손수 도배를 하고 새 살림살이를 장만하며 참으로 행복해했다.

함께 산 세월이 길어 그런지, 정말 우리는 점점 서로의 모습을 닮아가고 있는 것 같기도 하다. 작달막한 키에 동글동글한 이목구비. 남들은 둘이서 웃을 때 특히 오누이 같다고 한다. 점점 생각도 취미도 비슷해지면서 정말로 일심동체가 되어가는 느낌이다.

이렇게 닮아가는 게 자연스런 이치라면, 나는 아내의 따뜻한 마음씨를 닮아 보고 싶다. 자기를 내세우기보다 상대방을 더 존중해 주는 마음을 닮고, 잘못을 지적하기보다 용기를 북돋아 주는 그 마음을 닮아 보고 싶다. 이제부터라도 아내가 하는 말과 행동, 웃을 때의 표정 같은 것이라도 유심히 살펴봐야겠다.

'특별한 선물'로 여겨지는 지난 90여 년 나의 삶의 일등 공신은 단연코 나의 아내, 김영이다. 내가 이룬 모든 것, 내가 겪은 삶의 희로애락의 인생 여정에서 어쩌면 나보다 내 아내가 더 주인공이다. 23살의 꽃다운 나이에 나와 결혼한 후, 내 뒤에 숨어 보이지 않는 존재로 끝없는 양보와 헌신, 사랑으로 우리 가정과 나의 삶을 지켜주었다.

고맙고 미안한 순간이 그렇게 많았는데도 나는 아내에게 '사랑한다'는 말은커녕 '고맙다', '미안하다'는 말도 제대로 하지 못한 무심한 남편이었다. 그저 마음속으로, '이심전심'으로 내 마음을 알아주겠거니 하면서 긴 세월을 덤덤히 지내왔다. 이제라도 그 긴 세월의 고마움과 미안함, 그리고 그간 표현하지 못했던 마음을 전해보고자, 나는 긴긴 밤 편지를 썼다. 진작 전했어야 할, 내 마음속에 꽁꽁 숨겨두었던 진심이다.

사랑하는 아내에게

아침에 마당에서 운동을 마치고 밥을 먹으러 식당으로 향하니 아침상을 준비하는 당신의 모습이 눈에 들어옵니다. 옆으로 보이는 당신 얼굴이 아침인데도 피로한 모습이 역력합니다. 당신이 허리에 양손을 대고 뒤로 몸을 젖히는 것을 보니 허리가 또 아픈 모양입니다.

식탁 위에 있는 노란 산수유가 눈에 들어오자, 순간 아침상을 차리느라 분주한 당신의 모습에 고마운 마음 대신 불쑥 화가 치밉니다. 애처로워해도 모자랄 판에 어찌 화가 나는지 나도 모르겠소. 아마도 내가 당신을 혹사시키고 있다는 죄의식 때문일 듯합니다.

좀 힘들어 보이는 당신의 모습에 콧등이 찡하고 마음이 짠하면서도 이것이 다 내 탓인 듯해서 나에게 화가 나는 모양입니다. 도와주시는 아주머니가 계신데 왜 당신이 항상 밥상을 차리며 몸을 힘들게 하는지… 당신은 나와 가족을 위해 숨 돌릴 겨를도 없이 항상 종종걸음을 쳤지요! 나는 늘 당연하다는 듯이 당신의 수발을 받고 있고요. 이 나이가 되어서야 당신의 그 한없는 수고가 보이니 이제야 내가 철이 드나 봅니다.

그간 당신한테 마음의 편지는 수없이 보냈으나 실제로는 한 번도 내 마음을 당신한테 제대로 표현한 적이 없었으니 나도 참 숙맥이지요. 내 나이 90이 넘어 당신한테 처음 내 마음을 편지로 전하려 하니 참으로 감개무량하고 벅찬 감정이 끓어오르는구려!

우리가 1953년, 6.25 후 격동의 시기에 결혼했으니 함께 살아온 것이 햇수로는 벌써 70여 년이 가까워옵니다. 그 긴 세월이 어찌 이리 짧게 느껴지는지! 23살의 꽃다운 나이에 당신은 27살 나와 결혼을 했지요.

의과대학을 졸업한 해 봄, 의대 동기생이었던 친구 집에 놀러갔다가 당신을 처음 본 순간, 나는 봄의 전령인 산수유꽃이 연상되었던 생각이 납니다. 조용하면서도 결코 약하지 않은, 내적인 힘이 느껴지는 말과 몸가짐이 산수유를 연상시켰던 거 같습니다.

안아주고 싶은 아담한 체구, 상냥한 웃음을 띤 동그란 얼굴, 따뜻함이 가득한 쌍까풀 진 당신의 큰 눈. 화려한 미인은 아니지만 품격 있는 예쁜 얼굴. 처음 본 당신 얼굴이 잊혀지지 않고 지금도 생각나는 걸 보니 아마도 첫눈에 반했던 모양이오. 음습한 겨울의 모습을 밀어내고 밝은 노란색으로 생명력과 희망을 내뿜는 봄꽃들. 그 중에서도 작은 꽃잎이 여러 개 모여 꽃 한 송이를 이루는 산수유의 함초롬한 모습을 좋아했는데 당신이 그 산수유를 많이 닮았다는 생각이 당신을 첫눈에 좋아하게 만든 거 같소.

우리 결혼식 때 부부 간에는 사랑과 양보가 제일의 덕목이니 이를 실천하라던 주례선생님의 말씀이 떠오를 때마다 나는 깊은 양심의 가책을 느끼오. 사랑은 나도 하였지만 우리 부부생활에서 양보는 오롯이 당신의 몫이었기 때문이지요. 당신 생각을 하면 나는 그저 '미안하고 또 미안하고, 고맙고 또 고맙다'는 말밖에 할 말이 없소. 나와 함께 해 온 그 긴 세월, 당신의 한없는 양보와 인내, 사랑으로 오늘이 있음을 내 어찌 고백하지 않을 수 있겠소. 급한 성미 때문에 불같이 화를 잘 내는 나와 사느라 얼마나 속이 상했고 얼마나 많은 눈물을 흘렸을까를 생각하면 나는 쥐구멍에라도 숨고 싶은 마음이오. 진정 당신한테 참회하는 마음으로 이 글을 쓰오.

올해 내 나이 벌써 93세, 당신은 89세… 우리가 20대에 만났으니 참으로 긴 세월이 지났구려. 그간 개인적으로 사회적으로 온갖 풍상을 다 겪으며 힘든 고비마다 당신이 있어 함께 잘 견뎌냈으니 우리가 참으로 장하지 않소! 참으로 감사하오. 이제 앞으로 우리가 얼마나 더 함께 할 수 있을지 모르나 앞으로의 시간에는 절대로 당신을 힘들게 하지 않도록 노력하겠소.

이제 무조건 참지 말고 힘들면 힘들다고 비명을 지르기 바라오. 내 본래 감성이 무디고 둔한 편이라 당신의 섬세한 감정을 제대로 읽지 못할 것이 뻔하니, 마음만큼 당신을 돌보지 못할 것 같아 걱정이 되는구려. 이 나이가 되어서도 때로 아무 것도 아닌 일로 당신을 힘들게 하고 있는 줄 나도 아오. 염체 없지만 내 속마음을 믿고 너그럽게 봐주기를 부탁하오

요즘 모처럼 일에서 해방되어 당신과 함께 여러 취미활동을 하고 있어 참으로 좋소. 일에 쫓겨 함께 시간을 보내지 못했던 우리의 청춘을 돌려받은 느낌이오. 서예, 그림, 스케치, 하모니카, 노래, 장구, 요가 등을 당신과 함께 할 수 있어서 나는 그저 감사한 마음뿐이라오.

우리 나이에 둘이 다 건강하게 해로하고, 자식들과 손주들이 각자 전문분야에서 제 몫을 다하고 있으니 우리가 더 이상 바랄 게 무엇이 있겠소. 우리는 정말로 천복을 누리고 있는 것이라 생각되오. 그저 감사하는 마음으로 우리의 수명이 다할 때까지 서로를 보살피고 하루하루를 귀하게 여기며 삽시다. 그 과정에서 우리, 우리 가족만이 아닌 주변의 다른 사람들에게도 따뜻한 눈길을 주며 함께 나누며 살아가도록 합시다. 여보, 고맙소.

아들도 딸도 존재 자체로 귀하다

나에게는 4남매의 자식이 있다. 요즘 아빠들처럼 품에 안고 충분히 사랑해 주지는 못했으나, 세상 부모 마음이 다 그렇듯 '눈에 넣어도 안 아플' 소중한 존재들이다. 이게 안과 의사가 할 비유인가는 잘 모르겠지만, 그만큼 내겐 세상 그 무엇과도 바꿀 수 없는 아이들이다.

자식들이 어렸을 때 나의 양육법은 필요 이상으로 엄했다. 이제 와 보니 과도한 면이 없지 않았나 하는 반성도 있지만, 그때의 나는 부모님으로부터 배운 가치관대로 아이들을 훈육하는 것 외에 다른 생각을 하지 못 했던 것 같다.

아이들이 자라 성인이 되어 가면서 그런 나의 태도에도 조금씩 변화가 생겼다. 특히 진로 문제나 배우자를 선택하는 문제는 자식이 뜻하는 바를 먼저 듣고 헤아리고자 했다. 자기 인생의 주체로 온전히 설 수 있도록 돕는 것이 최선이기 때문이다.

그렇다고 무조건 '자식 뜻대로'만 두고 본 것은 아니다. 아무리 봐도 길이 아닌 걸 고집할 때는 부모 뜻에 따라 주기를 은근히 압박한 적도 있다. 불필요한 실패와 의미 없는 방황을 그대로 방치할 수도 없으니 어쩔 수 없었다. 이럴 때 당사자들 입장에서는 권위적인 아버지로 인한 어려움이 없지 않았을 것이다.

어쨌거나 이제 와서는 그런 아버지에게 끝까지 맞서지 않고 순종할 줄 알았던 자식들이 고맙게 여겨진다. 그리고 그런 지난한 과정을 거치는 동안 나 역시 어른으로서의 할 일이 무엇인가에 대해 깊이 고민하는 인간이 될 수 있었다는 것도 말해 주고 싶다. 자식이란 부모를 더 훌륭하게 살아가도록 자극해 주는 최고의 스승이다.

장녀 용애는 '첫 아이'라서 특별한 자식이다. 이 아이가 네 살이었을 때 내가 미국 유학을 떠난 탓에 두고두고 미안한 마음이 남아 있다. 그래도 늘 차분하고 속 깊은 성품이어서 큰딸로서 든든한 역할을 해 준 딸이다. 우리 시대엔, '맏딸은 살림밑천'이라는 얘기를 많이 했는데, 그런 기대에서 조금도 벗어나지 않는 자식이다.

용애는 속 한번 썩이는 일 없이 대학원까지 무난히 졸업하고 이비인후과 의사인 남편을 만나 1남 1녀를 거느리며 행복한 가정을 일구었다. 항상 안정감 있게 주변을 돌보는 모습이 참으로 보기 좋다.

"그게 언제 적 일인데 아직도 미안해 하고 그러세요? 난 너무 어려서 사실 기억도 안 나는데. 그 시절의 아버지들이야 다 그랬잖아요. 그 어렵던 시절 미국에서 공부하고 온 아빠 덕분에 가족들이 먹고 사는 문제로 힘들지 않았으니, 오히려 감사하고 자랑스럽죠."

이 아이는 늘 이런 식이다. 상대의 마음을 따뜻하게 감쌀 줄 아는 딸의 그 한마디가 위로 이상의 감동을 준다. 자기를 주장하기보다 주변을 편하고 따뜻하게 챙기는 모습이 과연 그 엄마의 그 딸이구나 하는 생각이 든다. 실지로 외모도 성격도 아내를 가장 많이 닮았다.

용애는 어릴 적 가장 생각나는 아빠 모습을 '빵을 사들고 오는 아버지'라고 했다. 퇴근길에 식구들 먹을 간식을 사들고 갔던 걸 오래도 기억하고 있었나 보다. 듣고 보니 그 시절의 추억들이 새삼 그립기도 하다. 온종일 환자 보는 일 외엔 아무것도 할 수 없던 일과를 마치고 집으로 들어갈 때에서야 아이들 생각이 났다. 아버지가 사다 준 빵을 먹으며 오손도손 잘 커준 4남매. 이들이야말로 내 젊은 날의 치열했던 삶의 이유로 충분한 존재들이다.

둘째 용란은 어릴 때부터 야무진 데다 공부 욕심도 많았다. 키 작고 손도 조그마한 것이 어디 가서 잃어버려도 내 자식인 줄 금방 알 거라고 농담을 하곤 한다.

이 딸이 지금 김안과병원을 이끌며 나의 뒤를 잇고 있다. 집에서는 두 아들의 어머니로, 동료의사인 남편의 반려자로서 역할을 다하지만, 병원에서는 당차고 현명하게 그 많은 책임을 너끈히 감당하고 있다. 이 아이가 제일 듣기 싫어하는 말은 부모가 이룬 걸 '물려받았다'는 말이라고 한다.

"항상 조심스러워요. 아버지의 땀과 노력으로 이루신 걸, 조금이라도 누가 되면 안 되잖아요."

그 부담감을 어찌 모를까. 그래도 믿고 맡길 만큼이 되니 그 자리에 있는 것이다. 내가 의사 가운을 완전히 벗고 물러날 때 후임 원장에게 한 말은 딱 한마디였다.

"소신껏 열심히 하라."

이건 이래야 하고 저건 저래야 하느니라, 해줄 말이 많을 줄 알았는데, 막상 생각해 보니 다 불필요한 일이었다. 나는 나의 시대에 맞는 역할을 했던 것이고 지금은 지금의 요구에 따르면 될 일. 일일이 코치할 이유가 별로 없었다.

"그때 저도 의외이기는 했어요. 막상 걱정되는 게 한두 가지가 아니셨을 텐데 말이죠. '아, 믿어주시는구나' 하는 생각이 들더라구요."

새 원장은 전적으로 믿어주는 전임자의 뜻을 헤아려 "정말 더 열심히 해야겠다"는 각오로 매진했노라, 뒤늦은 감사의 인사를 한다.

이따금 보면 직원들 하나하나를 귀하게 여기는 모습이 나보다 낫구나 싶을 때가 많다. 나처럼 너무 앞장서 서두르지 않으면서, 야단치고 화내는 대신 웃으며 함께 노력하는 문화를 만들어 나가고 있으니, 뿌듯하고 든든할 뿐이다.

최근 내가 총장 자리에서 물러나 집에 있을 때, 용란이가 내게 이런 말을 한 적이 있다.

"난 아버지가 매일 새벽부터 일어나 일하시는 걸 보며 '노인이라 원

'특별한 선물'로 여겨지는 지난 90여 년
나의 삶의 일등 공신은 단연코 나의 아내, 김영이다.
내가 이룬 모든 것,
내가 겪은 삶의 희로애락의 인생 여정에서 어쩌면
나보다 내 아내가 더 주인공이다.
23살의 꽃다운 나이에 나와 결혼한 후,
내 뒤에 숨어 보이지 않는 존재로 끝없는 양보와 헌신,
사랑으로 우리 가정과 나의 삶을 지켜주었다.

래 잠이 없구나' 생각했었어요. 그런데 그게 아니더라구요. 아버지는 정말 평생토록 최선을 다하신 거구나. 매일 이 악물고 일어나신 거였구나. 자식인데도 이제야 그걸 깨달았다는 게 정말 죄송했어요."

 부모자식 간에 속마음을 얘기하기는 사실 어색하기도 하고 쉽지가 않은데, 워낙 내가 겪은 일이 혹독한 탓인지 이즈음 나는 가족들과 가장 많이 대화하고 마음을 나눴던 것 같다. 내가 산 세월의 의미를 자식들에게 인정받는 행복을 그때 처음 알았다. 고마운 일이다.

 아들 용하는 가문을 잇는 외아들로서 어릴 적부터 특별한 관심과 사랑을 쏟았다. 열세 살에 미국 외숙댁에 맡겨 중고등학교와 대학 과정을 마치고 10년 만에 귀국했다. 지금 건양대학교에 재직하고 있는 중이다.
 한참 중요한 성장기에 떨어져 있어 그런지, 용하는 나보다는 외가의 분위기를 많이 닮은 것 같기도 하다. 말과 행동과 생각이 거의 미국식이라고 해야 할까? 일상을 함께 하면서 세밀한 정을 나누지 못한 아쉬움이 있지만, 미국식 사고와 행동양식에 익숙하다는 점은 이 아이만의 장점으로 봐야 할 것 같다.
 솔직히 유교적 가르침을 중시하는 나로선 이게 또 내심 서운한 면이기도 했다. 그러나 세상일이란 모든 걸 다 가질 수는 없는 법. 현재 가지고 있는 좋은 것을 최대한 발휘하면서 살아가는 게 중요한 일이겠거니 생각하고 있다. 활발한 성격과 넓은 시야로 현재 몸 담고 있는 건양대학교에서 꼭 필요한 인물로 성장해 가기를 바라는 마음이다.

"아버지를 보면 저희가 정말 더 열심히 살아야겠다는 생각이 들어요. 저희보다 항상 앞서가시고 자기관리도 철저하시니, 아버지만큼 되려면 얼마나 더 노력해야 하나 걱정입니다."

언젠가 함께 집으로 돌아가면서 내게 하던 말이다. 90이 넘도록 젊은 시절 못지않은 나의 열정을 높이려는 마음이었겠지만, 그 말 속엔 소위 성공한 1세대에 대한 '2세대의 부담감'도 은근히 엿보였다. 하지만 내가 아무리 애쓴다 한들, 나의 시대는 이미 지나가 버렸다.

"자식 기죽으라고 열심히 사는 부모는 없다. 네 능력과 의지대로 멋지게 너만의 세계를 만들어 가면 된다."

내가 살아온 세월이 인생을 살아가는 데 의미 있는 지침으로 남겨진다면 그것으로 족하다. 나는 잘 정돈된 말로 가르침을 주기보다 하루하루 노력하며 사는 모습으로 세상 사는 이치와 사람으로서의 도리를 가르치고자 했다. 내 부모님이 내게 하셨던 것만큼은 못 한 것 같지만, 내가 할 수 있는 최선을 다했으니 그 노력이 헛되진 않으리라.

나는 이따금 아들과 고향 집 주변을 한 바퀴 돌면서 내가 자라며 듣고 보았던 이야기들을 들려주곤 한다. 직접 보진 못했어도, 집안의 내력을 이해함으로써 자신의 정체성을 깨달을 수 있기를 바라는 마음에서다.

영승재 집 바로 위쪽 논을 지날 때, 용하는 한참이나 바라보며 그 논 몇 마지기에 담긴 뜻을 나름대로 짐작해 보려는 모습이다.

"그러니까, 이 논을 할아버지가 맨손으로 다 일구셨던 거군요."

내 아버지가 살아온 인생을 나의 아들과 함께 이야기한다는 게 이렇게도 뭉클하고 가슴 따뜻한 일인지, 장성한 아들의 묵직한 존재감에 새삼 든든하고 안심이 되었다.

"그래, 여긴 말이지, 비가 안 오면 농사가 안 되는 곳이라 다들 고개를 젓던 데야. 그런데 네 할아버지가 여기 물을 막고 농사를 지을 수 있는 땅으로 만드셨어. 그 거친 자갈밭도 일일이 다 골라 옥토를 만드셨고. 할아버지가 하신 거에 비하면 나는 아무것도 아니지."

선친이 하신 일을 떠올린다는 건, 지금의 우리가 존재하며 누리는 근본에 대해 생각하는 일. 손톱이 다 터지도록 일군 땅에서 우리를 먹이고 가르쳤던 그 노력을 당연한 듯 여길 수 없어 나는 더 노력하고 열심히 공부를 했다. 그래서 나는 지금 용하가 나를 보며 무슨 느낌인 것인지, 충분히 알 수가 있다.

집안의 양식을 거두던 논가에서 나는 아버지 대에서 나에게로, 나에게서 내 자식 대로 이어지는 유대를 실감한다. 그것은 포기하지 않고 끝없이 노력하는 '도전의 계보'다. 용하가 지금 이후의 시대를 그렇게 살아 주기를, 기대와 믿음으로 지켜볼 뿐이다. 내 아버지가 나에게 그랬듯이 말이다.

이제 막내딸 이야기를 할 차례다. 막내 용덕이는 내 나이 마흔넷에 얻은 자식이다. 성격이 쾌활한 데다 활동적이어서 자기 일은 늘 스스로 알아서 하는 편이다. 어찌나 바지런하고 일머리가 야무진지, 어릴 때 집안

청소를 시키면 제 언니들보다 더 깔끔하게 치워내 칭찬을 받곤 했다.

의상학과 박사학위를 받고 지금은 건양사이버대 부총장으로 재직하고 있다. 한 번은 다짜고짜 서류 하나를 내밀고는 "거기다 사인만 하시면 돼요" 하며 휑하니 나갔다.

뭔가 싶어 보니, 이미 여러번 의논된 바 있는 사업계획안이다. 당연히 총장 딸이라고 무조건 통과될 리는 없다. 그걸 알면서도 막내딸 특유의 응석 한번 부려 보자는 것이려니, 나는 서류를 내려놓으며 혼자 웃었다.

이렇게 위로 언니나 오빠는 절대 못하는 걸 이 아이는 한다. 굳이 '버르장머리'와 '예의범절'을 얘기하기보다 그냥 허허 웃게 하는 힘이, 세상 모든 막둥이들에게는 있는 듯하다.

내가 한참 어려움에 처해 있을 때, 평일에도 안 나가고 파자마 차림으로 앉아 있는 걸 보며 어쩔 줄 몰라 하던 막내의 모습을 나는 기억한다. 그때는 "우리 아버지 잠도 많았네!" 하며 농담처럼 말했지만, 저희들끼리 마음 아파하던 거를 나도 알고 있다.

나의 이런 모습도 저런 모습도, 있는 그대로 인정하고 존중해 주는 자식들 덕분에 나는 다시 기운을 차릴 수 있었다.

"너희들이 나에겐 살아갈 이유였고 희망이었다. 힘들 때 곁에 있어 줘서 고맙다. 지금처럼 서로 의지하고 우애하며, 나보다 훌륭한 부모로 오래 행복하거라."

이런 말을 평소 해보지 않아, 앞으로도 이 마음을 말로 전할 수 없을지도 몰라 우선 여기 적어 둔다.

삶이 곤궁할 때 기댈 언덕이 되어 준다는 것

"작은아버지가 무섭다는 사람들 보면 참 이상해요. 나한테는 그렇게 인자할 수가 없는 분이신데 왜들 그러는 걸까?"

조카딸 용순은 자기한테만 '스페셜' 했던 거냐고 자꾸만 확인하듯 묻는다. 화를 내고 야단을 치는 나의 모습이 도무지 상상이 안 된다는 것이다.

화 잘 내기로 유명한 나를 두고 저렇게 말하는 사람은 세상에 용순이 말고는 없을 것 같다. 아홉 살이던 그 아이를 데려다 돌보면서 단 한 번도 화를 안 냈을 리는 없다. 다만 슬픈 가족사로 남은 그날의 사건 이후, 기적처럼 살아남은 둘째 형님의 유일한 혈육을 대하는 내 마음은 항상 삼가고 조심하기를 거듭했다. 무심히 던진 말이 행여 마음에 상처로 남지 않을까, 혹시라도 내 자식보다 조금이라도 소홀히 한 점은 없었나, 항상 돌아보고 반성했다.

예전에는 집안 형제나 친척들이 서로 신세지고 돌보는 일이 흔하게 있었다. 나 역시도 중학교는 공주 큰형님 댁에서 다니고, 대학 4년 동안은 꼬박 둘째 형님댁에서 지냈다.

둘째 형님은 용산에 있는 한 정부기관에서 근무하셨다. 지금의 보건복지부와 같은 곳이다. 동란이 발발하던 그해 6월 17일, 의대 졸업을 마친 나는 철도병원 인턴으로 발령받은 상태에서 고향으로 내려와 있었다. 근무 시작일이 열흘이나 남았으니 부모님도 뵙고 휴식도 할 참이었다.

그런데 그 사이에 6.25가 터졌다. 포성이 들려오고, 나는 서울로 돌아갈 엄두를 못 내고 있었다. 그리고 얼마 후 청천벽력 같은 소식이 들려왔다. 서울 형님 집에 폭탄이 떨어졌다는 것이었다. 형님 가족과 마침 가 있던 누님 한 분까지 무참히 희생되었다. 폭격에 다리를 다친 용순이만 유일하게 살아남았다. 부모님은 우선 용순이를 고향 집으로 데려다 돌보셨다.

그 후 내가 결혼하여 대전에서 보건소를 다닐 때부터는 우리 집으로 데려와 함께 지냈다. 중학교 진학을 위해 대전으로 나와야 했기 때문이다. 그때의 내 형편도 단칸 신혼방 신세였지만 아내는 기꺼이 용순이를 자식처럼 받아들였다.

"작은아버지는 핏줄이니까 그렇다지만, 작은엄마는 무슨 죄래요, 글쎄? 그런데도 그분이 나를 그렇게 아끼셨어요. 그때는 작은어머니가 굉장히 어른이라고 생각했는데, 나중에 보니 나보다 고작 아홉 살 더 많으셨더라구요. 그 젊은 새댁이 사춘기 아이의 엄마 역할을 다 해주셨던 거예요. 누가 그럴 수 있을까요? 그래서 우리 작은어머니를 내가 평생 좋아하고 못 잊어요."

어느새 눈시울이 붉어진 용순이는 내가 미국 가서 없는 동안 아내와 함께 지내던 일을 떠올리며 "대단하신 분!"이란 말을 여러 차례 반복했다. 어머니날이던가 학교 행사가 있었는데, 누가 '용순아!' 불러서 돌아보니 아내가 뒤에 와 환히 웃더란다. 열여섯 살 용순이의 보호자로 그 자리에 선 아내의 나이는 겨우 스물다섯이었다.

"한 번은 제가 아파서 누워 있는데, 작은어머니가 배를 이렇게 쓸어 주시면서 그러는 거예요. 얼른 자라고, 아프지 말라고, 또 아프면 내가 갖다 버릴 거라고."

그 느낌이 얼마나 큰 위안이 되던지, 용순이는 지금도 몸이 아플 때면 그때 아내의 손길과 음성이 생각난다고 했다. 지금도 미국에서 들어오면 나보다는 아내부터 먼저 찾는 아이다. 친정엄마에게 돌아오듯, 예전의 그 말투와 그 표정으로 두 사람은 웃음보따리, 눈물보따리를 한참이나 풀어놓고는 한다.

"작은아버지 그거 생각나세요? 내 평생 중요한 결정을 할 때마다 꼭 작은아버지가 가이드를 해 주셨어요. 그땐 내가 원하는 게 따로 있긴 했는데… 하지만 말 듣길 잘 했죠. 안 그랬으면 나 어떻게 살았을까 몰라요."

사실 우리 부모님은 가슴 아픈 손녀딸을 깊이 사랑하셨지만, "계집아이가 대학은 무슨. 시집이나 가면 되지" 하시던 분들이었다. 옛날 양반들이라 어쩔 수 없었다. 하지만 내가 강력하게 우겨서 이화여대 약학과에 보냈다.

"허허, 그래. 넌 그때 원예과를 가고 싶다고 그랬지, 아마? 그러다 간호학과도 가고 싶다 했던가? 간호원들 하얀 캡 쓴 게 예뻐 보인다고 말야. 하하하."

타고나기를 감성적이고 여린 아이였다. 꽃도 좋아하고, 문학도 좋아하고. 그래서 더 가슴이 아팠다. 하지만 전공을 선택하는 건 그 아이에게 그렇게 가벼운 문제가 아니었다. 세상에 홀로 설 수 있기 위해선 보다 전문성 있는 분야로 가는 게 낫다고 나는 설득했다.

"그래서 어른 말씀은 역시 들어야 하겠더라구요. 덕분에 미국 가서 약사로 30년 당당히 살았잖아요."

작은아버지가 어려운 형편에도 비싼 등록금에 기숙사비까지 다 대주었는데 정작 본인은 명동 가서 옷 맞춰 입는 거 좋아하는 철부지였다며, 또 한차례 눈물바람이다. 가정교사 같은 거라도 해서 용돈을 벌 생각을 왜 안 했는지 모르겠다며 미안해 한다.

사실 그때가 형편이 그리 넉넉하지 못한 때이기는 했다. 영등포에 김안과를 개원했을 때인데, 월세를 못 낼까 두려워 박스로 돈통을 만들어놓고 그것부터 모아야 했던 시절이다. 그래도 용순이를 가르쳐 일생 살아갈 힘을 만들어 주는 건 세상없어도 내가 할 일이라 여겼다.

용순이가 기억하는 또 한 번의 '결정적 가이드'는 미국에서 살다 이혼 위기에 닥쳤을 때라고 한다. 살다 보면 다투고 미워질 때도 있는 게 인생인데, 한 가정을 꾸렸을 때의 책임을 가볍게 여길 수는 없는 일이다.

"애야, 너도 부모 없이 외롭게 자랐는데, 아이들까지 그래서야 되겠니?"

용순이는 나의 그 말에 마음을 돌렸다고 한다. 그때 이혼을 안 하고 가정을 지킨 덕분인지 세 아이들은 모두 훌륭히 잘 컸다. 스탠포드대학도 가고 예일대 의대도 간 자식들 얘기를 할 때, 용순이의 얼굴은 환해진다. 그걸 보는 나의 마음도 덩달아 환해진다. 자식이 잘 되는 걸 가장 큰 행복으로 아는 건 나나 용순이나 매한가지인 것이다.

한순간에 세상이 무너져 내리던 그날의 악몽과, 세상에 홀로 남겨진 아픔을 영원히 지울 수는 없었을 아이. 그래도 어딘가 기대어 울 수 있도록 품을 내주는 사람만 있다면 얼마든지 멋진 인생을 살아갈 수 있다.

내 형님들이 나를 그렇게 받아 공부를 시켰고, 나는 조카들을 한집에 살게 하며 공부시켰다. 스스로 날아갈 때까지 품고 지켜주는 이 '돌봄의 유대'가 있어 우리는 힘든 세상을 견디고 잘 버티며 살아올 수 있었다.

무엇 하나 나 홀로 이룬 것이 없다

세상을 살면서 무엇을 하든 홀로 이루는 사람은 없다. 하나의 독립된 인간으로 세상에 나아가기까지 먹이고 입히며 가르치는 가족의 돌봄이 필요하며, 뜻을 품고 펼쳐가는 과정에서도 끊임없이 이끌고 조언하며 협력해 주는 사람들의 도움을 받게 된다.

한 가지 영역에서 뭔가 성공을 거뒀을 때, 성공이 자기만의 공이라 생각한다면 착각이다. 세상 혼자 잘나고 혼자 다 이룬 것 같지만, 조금만 들여다보면 수많은 사람들의 지지와 정성이 그 속에 섞여 있다는 걸 알게 된다.

90 평생을 살아오면서 나를 이끌고 지켜준 고마운 사람들이 너무나 많다. 나와 피를 나눈 일가친척들은 물론 함께 청춘의 꿈을 품고 동반해 주던 많은 벗들이 있다.

인생도처유상수(人生到處有上手). 그야말로 나이 들어가며 더 절실히 깨닫게 되는 말이다. 나보다 윗사람이든 아랫사람이든, 삶의 도처에는 한 가지라도 배울 게 있는 사람들로 가득하다.

김안과를 키우는 과정에서는 나의 6촌 아우 이종선을 빼놓고 말할 수 없다. 공주중학교 후배이기도 한 종선은 논산 군청에서 공무원으로 일하던 중 나의 권유를 받아들여 영등포로 올라왔다. 평소 대쪽 같은 성품과 맡은 일은 틀림없이 해내는 일머리를 눈여겨보던 차에 주저 없이 김안과 영입 1호로 부른 것이다.

이제 막 개원한 병원이 앞으로 성공할 수 있을지 아무도 장담할 수 없는 때에 그는 안정적인 직장을 버리고 흔쾌히 내게 와 주었다. 그렇게 40년 6개월을 나와 함께 김안과 살림을 훌륭히 도맡아 주었으니, 서로 눈빛만으로도 무슨 생각을 하는지 훤히 알 만한 최고의 파트너요 평생 동지다.

"새벽마다 일찍 나오는 형님 덕분에 나도 아침잠 없이 부지런히 살았쥬. 내가 형님보다 늦게 나오는 건 도리가 아니니께."

새벽부터 밤까지 온갖 귀찮은 일을 도맡아 처리하느라 시달린 사람의 기억치고는 늘 이렇게 후하다. 잘했다는 칭찬도 인색한 나를 그는 아무 불평 없이 믿고 따라준 사람이다. 돈을 벌 줄만 알지 관리하는 덴 젬병이던 나를 대신하여 병원 재무관리를 꼼꼼히 잘해주었다.

"너라서 믿고 다 맡길 수 있었지. 돈을 어디에 얼마나 썼는가 일일이 물을 필요도 없을 만큼, 정확하고 매사에 틀림없는 사람이니."

내가 아는 한 그는 최고의 청백리였다. 공과 사의 구분에 일체의 타

협이 없었다. 그때 다 못해준 칭찬을 이제야 하고 있는 나에게 그가 껄껄 웃으며 한마디 덧붙인다.

"하여튼 우리 김박사님이 눈만 잘 고치지, 돈 관리는 형편없는 분이니께. 진짜 그건 나만도 못해."

폐교 위기의 중학교를 인수할 것인가를 판단하는 과정에서도 나는 그와 많은 부분을 의논해가며 결정했다. 함께 내려가서 현장을 답사하고 올라오면서 그는 내게 이렇게 말했다.

"골치는 아플 테지만, 그래도 형님, 한번 해보십시다. 큰돈이 들긴 해도 쓸 때는 또 써야 안 되겠습니까? 돈이야 김안과에서 또 벌면 안 되겠소?"

이미 기울어지던 나의 마음을 확실하게 마무리짓게 한 말이다. 그는 어느 때고 나의 마음과 고민의 핵심을 정확히 알고 적절한 개입을 할 줄 안다. 김안과 창립기념식 때 오래된 옛 직원들을 다 초대해 식사를 할 때, 누구보다 기뻐하며 분위기를 풍성히 이끈 것도 그였다.

"얼마나 좋아유! 이렇게 세월이 흘러 서로 늙어가는 얼굴을 보니, 30년, 40년 전의 일들이 다 꿈만 같습니다."

그는 나에게 "형님의 이런 점이 정말 좋다니까요. 난 그래서 항상 배워요" 하며 즐거워했다. 주름살 가득한 얼굴로 환히 웃는 그의 모습이 참으로 푸근하고 따뜻했다.

한편 나에게 의사로서의 꿈을 꾸게 해 주고, 본받을 만한 모델이 돼

주신 분은 나의 큰형님이다. 독학으로 의사고시를 거친 후 이인면에 작은 의원을 개원하셨던 형님은 사람의 병을 다루는 사람이 갖추어야 할 근본이 무엇인지를 일깨워 주신 분이다.

나는 양촌에서 초등학교를 다니다 3학년 때 공주 이인국민학교로 전학하여 형님 댁에서 기거했다. 왕진가방을 하나 들고 자전거로 마을 환자들을 치료하러 다니는 모습은 어린아이의 눈에도 무척 멋져 보였다.

밤낮없이 환자를 돌보는 형님은 한밤중에도 급한 환자를 진료하러 달려나가는 일이 많았다. 어둡고 캄캄한 길을 자전거를 타고 달리다 돌부리에 넘어져 다친 적도 한두 번이 아니다. 의사가 오기만을 바라는 환자의 애타는 마음을 생각하면 밤이든 낮이든, 비가 오든 눈이 오든 달려가는 것이 의사의 도리라고 생각하시는 분이다. 내가 김안과를 열며 하루 24시간, 365일 진료를 원칙으로 세운 건 이런 형님의 영향을 받은 것이 크다.

요즘은 가장이 의사면 경제적 안정이 보장되는 게 당연한 기대치이지만, 내가 보았던 형님은 돈을 보고 사람을 치료하는 일은 결코 용납하지 않았다. 덕분에 형님댁의 살림 형편은 그다지 풍족해질 수가 없었던 듯하다. 나는 그런 형님이 대단해 보였다. 이 또한 훗날 내가 의사로서 마음에 새긴 중요한 철학으로 자리잡았다.

형님을 시작으로 집안에 의사들이 제법 많아졌다. 가족 모임을 하면 테이블 여기저기가 다 의사다. 형님이 안 계신 지금 나는 집안의 최고 어른이자 선배 의사로서 이런 말을 강조하곤 한다.

90 평생을 살아오면서
나를 이끌고 지켜준 고마운 사람들이 너무나 많다.
나와 피를 나눈 일가친척들은 물론 함께 청춘의 꿈을 품고
동반해 주던 많은 벗들이 있다.
인생도처유상수(人生到處有上手).
그야말로 나이 들어가며 더 절실히 깨닫게 되는 말이다.
나보다 윗사람이든 아랫사람이든,
삶의 도처에는 한 가지라도 배울 게 있는 사람들로 가득하다.

"돈을 추구하는 의사는 되지 말아라. 환자의 입장에서 보고 판단하는 것이 기본이다. 환자에 대한 연민과 사명감을 잊지 않아야 참된 의사가 되는 거야."

형님이 계시다면, '그 놈 참 많이 컸다' 하실 듯하다.

지금의 나를 만들어 낸 중요한 요소 가운데 하나는 '정직'이라는 삶의 가치다. 정직의 가르침은 세상 누구나 강조하는 것으로, 뭐 특별히 더 말할 게 있겠나 싶겠지만, 세상은 정직하지 못한 생각과 행동으로 인한 혼란이 여전하니 두고두고 언급될 수밖에 없는 것 같다.

내가 처음 정직의 가치를 접했던 건 이인국민학교를 다닐 무렵이었다. 일제 강점기니 일본인 교사들이 주로 수업을 맡았다. 그들은 매사에 정직을 강조했으며, 거짓된 행동에 대해 매서운 회초리를 들곤 했다. 매가 무섭기도 했지만, 정직한 마음과 행동으로 살아가는 것이 스스로에게도 떳떳하고 타인에게도 인정받는 길이라는 말은 꽤 인상적이었다.

비록 제국주의 일본인 선생에게 배운 것이어도 그 내용이 올바르다면 지키고 따르는 것이 옳다고 생각했다. 자신을 속이고 남을 속이는 행위는 당장은 이익으로 보일지 몰라도 결국은 스스로를 갉아먹는 독사과 같은 것이라는 말은 어린 맘에도 꽤 울림이 컸다.

이 세상에 존재하는 모든 생명체 가운데, 거짓말을 할 줄 아는 유일한 존재가 인간이지만, 거짓과 정직을 분별할 능력이 있는 것도 인간이다. 정직은 그래서 내가 그때 생각한 인간다움의 근거였다. 일제 치하라는 짐승의 시대에 살고 있어도 인간다운 품위를 위한 노력을 포기할 수는 없다고 생각했다.

최근 어릴 적 다니던 이인초등학교를 다녀온 적이 있다. 내가 다닐 때만 해도 일대에서는 알아주는 명문 학교였는데, 이제는 한 학년에 한 학급이 될까 말까 하는 소규모 학교로 줄었다. 80년 전에 학교를 다니던 선배가 왔다고 어린 후배들이 강당에 모여 따뜻한 환영식까지 해 주었다. 공부에 필요하다 싶은 학용품들을 선물로 전했는데, 아이들이 좋아했을지는 모르겠다.

90대 노인이 되어 초등학교 교정을 거닐 때는 나도 모르게 가슴이 울렁거렸다. 얼핏 '이게 그 학교가 맞나?' 할 만큼 학교는 낯설게 변해 있었지만, 본관 건물 앞 향나무와 커다란 소나무만은 본래의 자리를 지키고 있었다.

학교의 역사와 함께 한 100년 수령의 나무들을 보니 내 유년의 기억들이 비로소 떠오르기 시작했다. 책보를 메고 이 앞을 지나 등교하던 까까머리 아이들, 동무들과 무심코 조선말을 쓰다 경을 쳤던 기억, 쉬는 시간이면 쏟아져 나와 철없이 뛰놀던 모습들이 아련히 떠올랐다.

그러다 정직을 강조하며 매질을 하던 일본인 교사의 무서운 표정도 떠올랐다. 그 당시의 아이들이 어쩔 수 없이 따라야 했던 '은사'인 동시에 식민의 아픈 상처를 상징하는 얼굴. '착잡한 그리움'이란 말이 저절로 떠올랐다.

그런데 학교 관계자들 얘기를 들어보니, 최근 친일잔재를 청산한다고 이 오래된 나무들을 베라는 교육청 지시가 있었던 모양인데, 듣는 순간 가슴이 답답했다. 나무가 대체 무슨 죄인가? 오히려 100년 전 그곳에 심어진 사정까지 우리가 잊지 말고 보존해야 할 역사의 단면이 아닐까? 게다가 해방된 지가 언젠데, '이제 와서 왜?' 하는 의구심이 들었다. 그런 명분이 과연 합당한지, 정직하게 한번 돌아봐야 하지 않겠나 하는 생각이다.

향나무에게 친일의 죄를 묻기 전, 시류 따라 갈팡질팡하는 교육행정의 철학 없음부터 반성해야 하는 것 아닐까? 늙은 향나무의 운명 하나로도 아이들에게 올바른 역사의식을 가르칠 수 있어야 한다. 하지만 나무에게까지 '친일'의 딱지를 붙여 뽑아내는 짓은 안 했으면 좋겠다. 그런 걸로 친일청산을 말한다면 그야말로 소가 웃을 일이다.

내게 정직의 가치를 강조한 분이 또 한 분 계신다. 감사원장을 지내신 신두영 선생이다. 이제는 고인이 되셨지만 생전에 신두영 선생님은 공무원 공개채용제도 도입과 '공무원연금법' 제정 등 국가공무원제도 전반에 대한 정비로 직업공무원제도의 정착에 크게 기여하신 바 있다. 1976년 감사원장에 취임한 뒤 감사원 자체의 감사능력 제고를 위하여 노력하는 한편, 회계감사의 전산화 등 새로운 감사업무 발전에 많은 업적을 남겼다. 공직자의 정직 의무를 확립하기 위해 이 분만큼 노력한 분이 있을까 싶을 정도다.

평생 동안 복무한 일이 공직사회와 관련된 일이었으니 청백리와 정직에 대한 신념이 유독 강하셨다. 이따금 뵙게 될 때마다 선배님은 우리 사회에 만연한 부정과 부패의 실상에 대해 분개하시며, 정직한 공직질서를 확립하는 길이 곧 나라의 기틀을 확고히 하는 길임을 강조하곤 하셨다.

나에겐 은사이자 공주중학교 10년 선배로서 인연을 맺었던 이분에게 내가 건양대학교 설립을 앞두고 고심하던 때도 찾아가 조언을 구했던 적이 있다.

"아이고, 그 머리 아픈 일을 왜 하려 하시는가?"

첫 일성은 걱정과 우려였다. 당시는 대학가 소요가 절정에 달한 시기였으니 성급히 결정하기보다 심사숙고하기를 권하셨다. "의사로서 이룬 것만으로도 충분히 사회에 기여한 것인데 구태여 고생길 가려 할 거 뭐 있냐"던 말씀은 나에 대한 진심 어린 걱정의 말이었다. 그래도 나의 진심과 의지를 알아주시고는 격려의 말씀과 함께 세상만사를 대하는 올바른 태도에 대한 말씀을 들려주셨다.

'매사에 조심스럽고 신중하기를 힘쓰라'

'사람이든 일이든 맑고 깨끗하게 하라'

존경하는 선배님의 말씀을 그대로 나의 생활철학으로 삼아 지금도 실천하고 있다. 90이 넘어가면서 맑고 깨끗하게 생활하는 것이 행복의 첫 걸음이라는 걸 조금씩 깨달아 간다. 인생이라는 학교에서 배우는 지혜…. 인생을 졸업하는 날까지 새롭게 깨우치고 배울 수 있는 그런 기쁨을 오래도록 맛보고 싶다.

근본 없는 삶이 어디 있으랴

나는 어릴 적부터 광산김씨 일가라는 점을 자랑스럽게 여기며 자라왔다. 문중 시제를 지낼 때의 근엄한 격식과 진지함은 어린 나에게도 뭔가 전통에 대한 자부심과 든든함을 느끼게 했다. 거기엔 '나'라는 개인이 있기까지의 긴 역사의 무게와 하나로 이어져 있다는 단단한 유대가 있었기 때문이다. '홀로'가 아닌 '공동체'의 일원이라는 의식은 삶에 대한 진지함과 책임감을 형성하는 바탕이 된다.

의료사업과 인재 육성에 매진하는 와중에도 나는 1985년부터 9년간 광산김씨 대종회장을 역임하는 등 종친회 일에도 열과 성을 다해왔다. 이미 벌여놓은 일들만으로도 벅찬 판국에 종친회장까지 맡아 하는 게 벅차기는 했다. 그러나 가문의 일이니 서로 돕고 아끼는 것 또한 삶의 근본을 챙기는 일이라 여겨 할 수 있는 최선을 다했다. 성장 과정에서부터 형성된 책임감 같은 것이다.

종친의 일을 중시하고 미약하나마 힘을 보태고자 한 것은, 나 자신의 정신적 뿌리를 찾아 지금의 삶이 어디서 비롯된 것이며, 어떻게 살아야 하는지를 바로 알기 위한 나름의 생각이 있었기 때문이다. 나의 정체성을 정립하는 데 있어 조상으로부터 이어져 온 삶의 연대를 생각하지 않을 수 없기 때문이다.

종친회 회장으로 부임하면서 내가 임기를 맡는 동안 무엇을 이룰 것인가에 대한 목표를 생각해 봤다. 당시 상황에서 중요한 과제라 여긴 것이 두 가지 있는데, 하나는 인화(人和)요, 다른 하나는 조직 확대다.

어느 조직을 막론하고 인화는 기본이다. 특히 종친회의 일이란 게 구성원들에 대한 구속력이 크지 않기 때문에 최대한 '왜?'라는 문제에 어떻게 답할 것인지가 중요하다. 왜 종친회에 나가야 하는지, 참여를 한다는 것이 어떤 의미가 있는 것인지에 대한 답을 주어야 한다. 그 바탕이 바로 인화라고 생각했다. 광산김씨라는 공동의 뿌리에 대해 자부심을 갖는 것도 인화가 전제다.

두 번째 목표로 정한 조직 확대는 전국에 흩어져 있는 광산김씨 후손들이 더 강하게 결속할 수 있는 틀을 분명히 하자는 것이었다. 지역별 모임과 중앙모임을 활성화하여 스스로의 존재감을 명확히 할 필요가 있었다.

심혈을 기울여 벌였던 사업 가운데 서울 마포에 광산회관을 건립한 것은 두고두고 보람으로 남는다. 내가 대종회 부회장으로 활동할 때 모시던 김용순 회장님과 함께 회관 건립을 위한 모금을 벌였다. 뭔가 뜻 깊은 일을 도모해 보고자 해도, 회원들이 모일 마땅한 처소가 없다는 게 아쉬웠는데, 뜻을 모으고자 하니 여기저기서 많은 분들이 참여해 주시는 걸 보며 감동을 받았다.

그 중 기억에 남는 분들이 많다. 회관 건립을 위해 당시 1억 원이나 되는 땅을 희사해 주신 김희수 종친(여의도백화점 사장)에 대한 고마움은 말할 것도 없다. 그것이 바탕이 되어 자신감을 갖고 일을 추진할 수 있었다. 그리고 달랑 '만 원'을 기부해 오신 어느 종친님이 아직도 기억에 남아 있다. 알고 보니 그는 길에서 구두를 닦는 분이셨는데, 그가 보낸 1만 원의 가치는 그야말로 액수로 헤아릴 수 없는 것이었다. 또 한 분은 50만 원을 보내온 종친이다. 그는 간암환자였다. 보험금으로 받은 100만 원 중에서 장례비로 쓸 50만 원을 제한 돈을 회관 건립을 위해 보내주신 것이다.

사실 해도 좋고 안 해도 크게 뭐라 할 사람 없는 일에 이토록 정성을 들일 수 있다는 건, 그분들 마음속에 있는 '광산김씨'라는 소속감과 애착심이 어느 정도인가를 보여주는 일이었다. 이런 마음들이 나로 하여금 종친회 일에 더 매진하게 하는 계기가 되었다.

21세기를 살아가면서 가문과 전통을 강조하는 나에 대해 고리타분한 노인이라는 생각을 할 수도 있겠다. 이미 우리 사회도 개인화의 뚜렷한 징후가 고착되고 있기 때문이다.

대가족제도의 아름다운 풍습은 사라지고 핵가족도 무너져 1인 가구가 더 이상 특별하게 여겨지지 않을 만큼 변화했다. 이렇게 직접적인 부모와의 연결도 느슨해지는 마당에 가문이니, 혈통이니 하는 얘기가 엉뚱하게 느껴지는 것도 당연하다.

　내가 생각할 때 가문이란 '존재의 뿌리'에 해당하는 개념이다. 가족이란 하늘이 맺어준 공동체인 것. 세상 누구도 스스로 선택하여 태어난 사람은 없다. 운명 같은 관계가 주는 양면성이 있기는 할 것이다. 혼자 살아가기도 힘든 세상, 서로에게 힘이 되지 못하고 오히려 짐이 될 뿐이라면 한시라도 빨리 벗어나 홀가분하게 살고픈 마음도 생길 수 있을 것이다. 그러나 역으로 생각해 보면, 혼자서 살기 힘든 환경이기에 더더욱 서로 거들고 의지하며 살아야 하는 것 아니겠는가? 거친 세상 그나마 헤쳐갈 기운을 얻을 수 있지 않을까?

　나는 유교적 가치관에 기반을 둔 인간관계와 삶에 대한 올바른 태도

를 '가문'이라는 큰 틀로부터 배웠다. '군사부일체', '부모에 대한 효도와 형제간 우애', '선생님의 그림자도 밟지 않는다' 같은 것들이다. 실지로 나는 성장 과정 내내 이런 말을 들으며 살았다. 고색창연한 말들이다. 이 가운데는 현실과 맞지 않는 것도 있지만, 현실의 문제를 해결할 유의미한 해법도 들어 있다고 생각한다.

옛사람들의 환경에서 만들어진 표현이라 그렇지, 효도와 우애 같은 가르침을 현대적으로 해석하자면 결국 '사랑과 돌봄', '존중'이 아닐까 한다. 그런 핵심을 놓치지 않고 유연하게 적용하는 것이 우리의 전통을 대하는 바람직한 태도일 것이다.

내가 자꾸 '광산김씨' 문중을 들어 가문의 중요성을 얘기하는 걸 두고 또 다른 오해가 생길 수도 있을 것 같다. 어차피 그런 건 내세울 게 있는 집안에서나 가능한 얘기가 아닌가 하는 오해다. 양반의 자손이 아니거나, 높은 벼슬과 자랑할 만한 업적이 없는 조상을 둔 후손에게도 그게 해당될까 하는 자조적 반응이다.

그러나 내가 말하는 가문의 전통이란 꼭 명문세족에게만 해당하는 얘기는 아니다. 이미 신분의 높낮이를 극복한 현대에서 더 귀한 가문이 있을 수 없고 덜 귀한 가문이 있을 수 없다. 가난하고 내세울 것 없어도 부모가 자식을 사랑하고 자식을 위해 모든 것을 다 주려고 하는 정신의 고귀함이 있는 한, 우리 모두는 다 뼈대 있는 집안의 자손이며 고귀한 혈통의 후손이다.

근본을 찾는다는 것은 '나'라는 존재의 본질을 이해하는 것이고, 결국 어떻게 사는 것이 더 세상의 이치에 합당하며 결과적으로 더 행복한 삶인가를 알아가는 과정이다. 가문이란 두꺼운 족보 속에만 있는 것이 아니라, 유구한 역사를 통해 이어져 온 인간으로서의 존귀함을 발견하는 데 있다. 그것은 서로 사랑하며 더불어 함께 살아가는 지혜인 것이다.

우리의 전통적 가족문화와 관련해 함께 새겨 보고 싶은 얘기가 하나 있다. 20세기 최고의 석학으로 칭송되는 토인비는 한 인터뷰에서 "만일 지구가 멸망해 다른 별로 가야 한다면 무엇을 가져가겠느냐"는 질문을 받고 이런 대답을 했다.

"효(孝)와 경로사상이 아름다운 한국의 가족제도를 포함시킬 것입니다."

그는 『도전과 응전의 역사』라는 책에서 '현대문명의 위기는 토끼처럼 달려가는 기술과 거북이같이 느린 정신의 속도 차이에서 비롯된다'고 통찰한 바 있다. 그러한 위기를 극복할 수 있는 대안으로서 그가 한국의 전통적 가족문화를 얘기한 것이 아닌가 싶다.

나는 명절에 식구들이 집에 오면 한 방에 오밀조밀 모여 얘기도 하고 잠도 자는 우리 문화가 참 좋다고 생각한다. 미국에서 온 손주들이 영승재에 들르면 왜 이렇게 방이 좁은지, 이 좁은 방에서 정말 다 함께 지냈었는지 놀라워한다.

그 아이들이 익숙해 있는 문화를 그대로 존중해야겠지만, 우리의 전통적인 가족문화의 참된 의미도 이해할 수 있기를 바라며 나는 '가족(家族)'의 뜻풀이를 해 주곤 했다.

"가족이라는 글자를 보면, 집(家)자에 돼지(豚)가 있거든! 방에 돼지 한 마리가 있는 것이 '家' 자인 거야. 옛날 사람들이 주로 집에서 돼지를 길렀기 때문이기도 한데, 이런 식으로 글자를 조합해 낸 건 동양에서는 한 집안 식구가 모두 함께 생활하는 것이 가족의 본모습이라 생각했기 때문이란다."

돼지가 새끼들을 낳아 방안에서 젖도 먹이고 키우는 것처럼, 예전엔 정말 한 방에서 식구들이 같이 지내며 살았다. 미국에서 온 아이들은 믿을 수 없다는 듯 고개를 갸웃하지만, 나는 그렇게 살았던 문화의 장점이 많았다고 생각한다.

어릴 적 우리 보통 사람들의 가족들은 한 방에 다섯도 살고, 일곱도 살았다. 명절 같은 특별한 상황에서는 한 방에 열 명이 빼곡하게 들어가 잘 때도 있다. 이렇게 살았던 건 독방을 줄 수 없는 현실적 이유도 있었겠지만, 성장하는 아이들에게 결과적으로 더 많은 이득이 되는 방식이다. '동고동락'이라는 말의 뜻처럼 자연스럽게 섞여 살고, 다툼과 화합의 질서를 알아서 배우게 되는 것이다.

이런 이유 때문에 건양고등학교 기숙사를 운영할 때도 동기생들끼리 지내기보다 반드시 선후배들이 고루 섞여 한방을 쓰도록 방침을 정했다. 친형제는 아니지만 상호 우애와 서로 배려하고 양보하는 공생의 질서를 자연스럽게 배울 수 있도록 한 것이다.

아직까지 나를 찾아오는 건양고등학교 졸업생들은 그런 기숙사 생활에 대한 추억을 자주 얘기하곤 한다. 처음엔 불편하고 억울할 때도 있었지만, 지금까지도 형, 동생 하면서 지내는 친밀한 관계가 되었다고 한다.

학생들만이 아니라 기숙사에 함께 기거하며 생활지도를 하는 교사들은 진짜 부모나 삼촌처럼 학생들을 돌봤고, 식당 아주머니도 어머니처럼 정성스럽게 아이들을 해 먹였으니, 집이 아니면서 집 같은 분위기가 형성된 것이다. 훗날 어른이 되어 식당 아주머니의 칠순에 돈을 모아 금반지를 해드리고, 함께 기거하던 선생님과도 흔연히 어울려 지내는 게 요즘 세상에 어디 흔한 일인가? 한 방에 섞여 살며 먹고 잤던 효과라 생각한다.

배움과 성장의 길은 끝이 없어라

　일제 강점기와 전쟁의 혼돈을 거쳐 왔지만, 비교적 유복한 집안의 자손으로 미국유학까지 다녀와 성공한 의사의 길을 걸었어도, 정작 나의 내면은 그다지 풍요롭지 못했다는 걸 최근 깨달았다.
　오직 살아가는 일에 집중하느라 삶에 대한 통찰과 즐거움을 누리는 일에는 소홀했다. 하여 나는 뜻하지 않게 주어진 이 선물 같은 시간을 '미처 알지 못했던 즐거움'을 찾는 데 주력했다.
　그동안 바쁘게만 살았지 인생공부가 부족했다는 걸 알았다. 생각해 보니, 늘 접해보고 싶었으나 여건이 허락되지 않아 손도 못 댄 공부들이 너무나 많았다. 문학이나 철학, 심리학 분야의 공부 같은 건 오래전부터 '언젠가는' 섭렵해 보리라 생각했던 분야들이었다.

　어떻게 해야 할지 궁리를 하다가 처음엔 책을 몇 권 사다가 읽기 시작했다. 그러다 혼자 책을 읽는 것으로는 성에 차지 않아 전문가 선생

일주 단위로 아예 커리큘럼을 짜서
아내와 함께 동문수학(同門修學)하노라니
그 재미가 훨씬 더 커진다.
서예와 그림, 문인화, 스케치를 하면서
마음의 평정심을 찾는 데 많은 도움이 되었다.
단순한 획, 선 하나를 긋기 위한 호흡,
그 느리고도 집중된 에너지가 정신을 맑게 정화해 준다.

님을 모시고 몇 달간 함께 책을 읽고 토론도 하며 시간을 보냈다. 소위 '문사철'이라고 하는 인문학의 정수인 문학, 사학, 철학을 위시하여 심리학, 유학 등의 분야도 공부했다. 오래간만에 공부의 즐거움을 맛볼 수 있어 더없이 행복했다. 일에 미쳐 살아가는 동안 잠시만 짬을 내 이들 분야를 공부했더라면 학교 운영에 한결 도움이 됐을 텐데 하는 아쉬움이 크다.

혼자만 하는 공부가 아까워 아내를 함께 끌어들였다. 일주 단위로 아예 커리큘럼을 짜서 아내와 함께 동문수학(同門修學)하노라니 그 재미가 훨씬 더 커진다. 서예와 그림, 문인화, 스케치를 하면서 마음의 평정심을 찾는 데 많은 도움이 되었다. 단순한 획, 선 하나를 긋기 위한 호흡, 그 느리고도 집중된 에너지가 정신을 맑게 정화해 준다.

그간 나와는 상관없다고 느껴졌던 음악공부도 시작했다. 특히 아내와 함께 하모니카와 노래를 배우며 연주하는 시간이 참으로 즐겁다. 최근에는 국악의 묘미를 느끼기 위해 장구 치기도 시작했다. 사실 나는 이 나이 먹도록 악보도 읽을 줄 몰랐던 사람이다. 그랬던 내가 이제는 간단한 곡 몇 개 정도는 연주할 정도로 발전했고 음악이 가까이 느껴진다. 요즘 아이들이야 웬만한 피아노 연주곡 하나쯤은 초등학교 시절에 다 익히고 있다는데, 다 늙은 노인 둘이 앉아 하모니카를 입에 물고 있는 걸 보면 웃을지도 모르겠다. 하지만 뭐가 문제겠는가? 더 늦기 전 내가 가보지 않은 세상의 길을 이렇게라도 느껴 볼 수 있다는 자체가 나에겐 큰 기쁨이다.

젊을 때부터 운동은 꾸준히 했었기 때문에 몸이 아직은 유연한 편이지만, 체력단련과 요가수련도 매주 거르지 않고 하고 있다. 일주일에 한 번씩은 친구들과 골프도 친다. 평생 매일 만 보를 걷고, 대중교통을 이용하며, 소일 삼아 주변 청소를 하는 습관은 나이보다 건강한 체력을 유지하는 비결이다.

좀 천천히 느긋한 일상을 보내고 싶었는데, 하다 보니 나의 일과가 다시 빡빡해진 것 같아 조금 머쓱하기도 하다. 이것도 욕심인 건지, 공부하랴 운동하고 수행하랴, 올해로 93세를 맞이하고 있는 사람의 일과 치고는 좀 많은 감이 있는 게 사실이다. 하지만 이렇게 재밌는 일들이라면 나는 얼마든지 더 해도 좋을 것 같다.

새로운 일과가 주는 행복이 상당하다. 어느 때보다 많이 웃고, 예전보다 더 많은 사람들과 대화를 즐기며 일상을 보내고 있다. 명예총장으로서 집무실에도 반드시 나가고 있다. '명예' 자가 붙었어도 학교와 학생들에 대한 나의 책임감까지 뒷줄로 물러선 것은 아니기 때문이다.

예전과 차이가 있다면 더 이상 조급하지 않게 되었다는 것, 사람들이 생각하고 걱정하는 바에 대해 좀 더 세밀히 귀를 기울이게 되었다는 점이다. 아직도 일을 하다 보면 답답하고 화가 나는 순간도 찾아오긴 하는데, 옛날이라면 그 즉시 호통을 쳤을 일도 한 호흡 생각하며 얘기한다. 이거야말로 엄청난 변화다.

내가 학교를 처음 세울 때의 나이가 52세. 그때도 새로운 걸 시작하기엔 너무 늦은 나이라 했다. 그리고 딱 10년 후에 건양대학교를 세웠다. 그리고 지금 90대의 인생을 여전히 학교에서 보내고 있다. 지난 30년간 내가 살아온 모습을 본 사람들은 더 이상 '그 나이에 무리' 라든가, '이제는 쉴 때' 라는 말을 하지 않는다. 이렇게 하고 싶고 필요한 일을 찾아 최선을 다하는 모습이 가장 김희수다운 것임을 모두가 다 인정해 주는 것 같다.

태어난 모든 존재는 늙어가게 마련이다. 그리고 언젠가는 생명을 다하고 소멸하는 순간이 올 것이다. 누구도 피할 수 없는 운명이다. 그러나 한 가지 잊지 말아야 할 것이 있는데, 늙음과 죽음으로 다가간다는 게 반드시 퇴보의 과정은 아니라는 점이다.

'끝날 때까지 끝나지 않는' 것이 인간의 성장이라고 한다. 인간의 뇌는 살아 있는 한 마지막 순간까지 변화와 발전의 가능성을 갖고 있다. 나는 앞으로도 이어질 새로운 성장의 가능성을 믿으면서 새로운 것에 도전하는 일을 멈추지 않을 생각이다.

마지막 숨을 멈추기 직전이 인간으로서 가장 완성된 상태, 최고의 성숙을 이룬 단계가 되기를 나는 꿈꾸고 있다. 인간으로서의 성장이 정점에 이른 그 날이 내 생의 마지막 날이라면, 그 또한 멋진 인생이 아닐까.

마치며

마지막 순간까지 나는 현역이다

아무리 생각해 봐도 총장직을 사임한 후의 시간은 내게 '뜻밖의 선물'이었던 것 같다. 그때가 돼서야 꽉 짜여진 일정에서 벗어나 그간 미뤄둔 '다른 일'들로 시간을 보낼 수 있었다. 하루도 휴일이 없던 무한 질주의 인생을 벗어나 늦가을 숲속을 산책하듯 지내다 보니 인생의 즐거움이 이토록 다양하게 있다는 걸 이제야 알겠다.

90년을 넘게 달려온 나의 일생. 그 마지막 하루가 언제일지는 누구도 알 수 없지만, 머잖은 날이 될 거라는 건 알 수 있다. 김안과병원을 동양 최고의 안과전문병원으로 키우고, 고향 논산에 중고등학교와 대학을 세워 후학을 양성하였으니, 그동안 이룬 일이 적지는 않다. 한 가지 바람이 있다면 이렇게 공들여 쌓아 올린 병원과 학교가 오래오래 사람들에게 희망이 되고 기댈 언덕이 되었으면 하는 것이다.

병원이야 큰 걱정이 없다. 그동안 최고의 전문성과 확고한 운영철학을 바탕으로 이미 체계적으로 운영 중이기 때문이다. 학교의 경우는 이래저래 걱정이 많다. 인구절벽 시대를 대비하고자 나름의 노력은 기울였지만, 지방 사립대학이라는 현실적인 한계와 최근 몇 년 동안 하고자 했던 교육적 혁신을 지속하지 못한 아쉬움이 크다.

지난 2015년 제8대 총장에 취임할 때는 4년의 임기를 마치고 명예롭게 퇴진하는 것이 목표였는데 그 계획은 불가피하게 수정이 되고 말았다. 내 고향 논산에 세운 건양대학교를 명실상부한 명문사학으로 확고히 자리매김한 후, 생애 가장 행복한 퇴근을 할 생각이었다. 결과적으로 그 약속을 지키지 못했다. 두고두고 아쉬움이 남는 대목이다.

다행히도 더 유능하고 지혜로운 분들이 있어 그분들께 건양대학교의 바통을 넘겼다. 이제 더 강력해진 엔진을 달고 미래를 향한 힘찬 질주를 계속해 나가 주시리라 기대하고 있다. 이 나라 대학교육 혁신의 선두주자로서 많은 대학의 표상이 되어 왔던 건양의 명성이 새로운 리더십을 중심으로 더 높이 도약할 수 있기를, 나는 한걸음 뒤에 서서 계속 응원할 것이다.

"사람의 생명보다도 때로는 더 소중한 게 바로 명예입니다. 오늘 명예총장직을 주셨는데 '총장' 보다는 '명예' 라는 타이틀에 더 애착이 갑니다. 제 인생의 마지막 소임이라고 생각하고 건양 가족이 서로 소통하고 화합하여 하나가 될 수 있도록 봉사하겠습니다. 우리 모두 새로운 건양을 위해 함께 갑시다."

90년을 넘게 달려온 나의 일생.
그 마지막 하루가 언제일지는 누구도 알 수 없지만,
머잖은 날이 될 거라는 건 알 수 있다.
김안과병원을 동양 최고의 안과전문병원으로 키우고,
고향 논산에 중·고등학교와 대학을 세워 후학을 양성하였으니,
그동안 이룬 일이 적지는 않다.
한 가지 바람이 있다면
이렇게 공들여 쌓아 올린 병원과 학교가
오래오래 사람들에게 희망이 되고
기댈 언덕이 되었으면 하는 것이다.

취임사에서 밝힌 말 속에 나의 모든 진심을 담았다. 명예총장이니 그저 명예라고 생각하고 아무 일도 하지 않을 수는 없다. 일개 사학재단의 노력으로는 풀기 어려운 난제도 있지만, 포기하지 않고 할 수 있는 모든 것을 다하는 것이 시작한 사람으로서의 도리가 아닐까 생각한다.

나의 정신과 육체가 다 하는 날까지 영원한 현역으로 활동하면서 의술과 교육에 헌신하고자 하는 나의 각오는 변함이 없을 것이다. 존립 자체가 위기인 시대를 헤쳐 나가는 최선의 길은, 우수한 학생들이 스스로 이 학교를 찾아올 수 있도록, 최선의 교육품질을 확보하는 데 있다고 생각한다. 예전에도 그랬던 것처럼 타 대학과 구별되는 건양만의 특수함과 유일함으로 승부해야 한다. 글로벌 차원의 성장전략으로 미래 비전을 확대해 나가는 일도 매우 중요하다.

예전에 건양대학교가 각종 평가순위에 상위에 오를 적마다 나는 인터뷰를 요청해 온 기자들에게 이런 소감을 밝히곤 했다.

"I am still hungry!"

누구도 기대하지 않았던 월드컵 4강 신화를 쓴 직후 히딩크가 했던 이 말처럼, 지금이 끝이 아니며 우리는 더 높은 목표를 향해 달려 나갈 것을 선언한 것이다. 그때처럼 나는 아직도 배가 고프다.

明谷 金熺洙 博士

- 1928년 7월 9일 충남 논산시 양촌면 남산리에서 출생

〈학력〉
- 1946. 6.   공주고등학교 졸업(20회)
- 1950. 6.   연세대학교 의과대학 졸업
- 1956~1957.   뉴욕 세인트 프란시스병원 인턴 수료
- 1958. 12.   일리노이 주립대학 안과대학원 수료
- 1959. 9.   시카코대학 안이비인후과병원 수료
- 1966. 2.   연세대학교 의학박사 학위 취득
- 2008. 3.   죠사이국제대학 명예 교육학박사(일본)
- 2014. 5.   린치버그대학교 명예 이학박사(미국)
- 2018. 9.   다뉴브대학교 명예 박사(오스트리아)

〈경력〉
- 1962. 8.   김안과의원 개원
- 1979~2001.   학교법인 건양교육재단 1대~ 6대 이사장
- 1980~1983.   건양중 · 고등학교 설립, 개교
- 1990~1991.   건양대학교 설립, 개교
- 2000. 2.   건양대학교병원 개원
- 2001-2017.   건양대학교 4대- 8대 총장
- 2011~2012.   건양사이버대학교 설립, 개교
- 2017. 11.   건양대학교 부속유치원 설립
- 2021. 5.   건양대학교 새 병원 개원 예정

〈상훈〉

- 1982. 3.   대통령 표창
- 1996. 10.   충청남도 개도 1백주년 기념
              〈충남을 빛낸 100인(의료부문)〉으로 선정
- 2007. 3.   2006년 국민교육발전 유공자 〈국민훈장 무궁화장〉 수상
- 2011. 12.   〈자랑스런 한국인 대상(교육발전부문)〉 수상
- 2012.   논산 시민들이 〈공덕비〉 건립
- 2012~2015.   〈참교육대상 창의융합교육부문〉 수상
- 2013~2016.   〈대한민국 글로벌 리더 글로벌 인재 교육부문〉 수상
- 2015. 5.   캄보디아 〈훈센 총리 훈장〉 수상
- 2017. 3.   〈2016년을 빛낸 도전 한국인 대상〉 수상

〈저서〉

- 1997.   『愛鄕 70년; 明谷 金熺洙 박사 古稀紀念論文集』
- 2005.   『나는 할 수 있다: 김희수 총장 明谷文集』
- 2011.   『작은 수첩 큰 실천으로 걸어온 길』
- 2012.   『80대 청춘이 20대 청춘에게』

- 현 재   학교법인 건양교육재단 설립자 겸 건양대학교 명예총장

건양교육재단 설립자 명곡 김희수 회고록

특별한 선물

2021년 4월 5일 초판 1쇄 발행

지은이   김희수
펴낸이   윤영진
편　 집   함순례
펴낸곳   도서출판 심지
등록   제2003-000014호
주소   34570 대전광역시 동구 대전천북로 12
전화   042 635 9942
팩스   042 635 9941
전자우편 simji42@hanmail.net

ⓒ김희수 2021
ISBN 978-89-6627-197-9   03810

* 저자와의 협의에 의해 인지를 생략합니다
* 이 책 내용의 전부 또는 일부를 재사용하려면 저자와 심지 양측의
　 동의를 받아야 합니다